Contergankinder erkämpften sich ihr Leben
Eine Geschichte und Dokumentationen

Widmung: An alle Mütter, die sich für die Förderung ihres behinderten Kindes mit aller Kraft einsetzen.

Walter Eckel

Contergankinder erkämpften sich ihr Leben
Eine Geschichte und Dokumentationen

Bibliografische Information der deutschen Bibliothek:
Die Deutsche Bibliothek verzeichnet diese Publikation in der
Deutschen Nationalbibliographie; detaillierte bibliographische
Daten sind im Internet unter *http://dnb.ddb.de* abrufbar

© 2011 Autor
Herstellung und Verlag: Books on Demand GmbH, Norderstedt
ISBN 978-3-8448-0471-3

Inhalt

A. Die Geschichte: Das Leid einer Mutter

1. Ein Vorwort für diese Geschichte

Alle Episoden, die in der folgenden Geschichte geschildert werden, haben sich in einer ähnlichen Form bei vielen Tausenden von Müttern und Vätern ereignet und ereignen sich noch heute, auch ohne Contergan.

Wohl in jeder Stadt gibt es Eltern, vor allem Mütter, von denen kaum jemand weiß, die inmitten einer satten und selbstzufriedenen Gesellschaft bitterstes Leid tragen müssen, die im Kampf gegen ein gnadenloses Schicksal schwere Niederlagen erleiden und kleine Siege erringen, und die dennoch nie den Kampf aufgeben, ihrem behinderten Kind ein glückliches Leben zu ermöglichen.

Um das Jahr 1960 haben viele tausend Mütter in Europa nach der Einnahme des scheinbar ungefährlichen Schlafmittels Contergan behinderte Kinder geboren, mit verkürzten oder fehlenden Armen und Beinen, oder mit Lähmungen des Gesichts, mit starken Hörschäden und mit inneren Organschäden. Der Wirkstoff Thalidomid verhinderte im Mutterleib das Wachstum der Gliedmaßen oder schädigte das Gehör und innere Organe, und im schlimmsten Fall entstanden alle Schädigungen zugleich, je nachdem, wann und wie oft das Contergan während der Schwangerschaft eingenommen wurde. Oft genügte bereits eine Tablette für eine schwere Behinderung.

Der Verfasser hat als Gehörlosenlehrer und seinerzeit als Mitarbeiter des Contergankinder Hilfswerks diese Schicksale miterlebt. Seine Frau und er haben ein schwer geschädigtes taubes Contergankind für elf Jahre als Pflegekind zu den eigenen vier Kindern in ihre Familie aufgenommen, damit das Kind Sprache vom Mund ablesen, Sprechen, Lesen und Schreiben lernen konnte.

9

Die folgende Geschichte habe ich mir ausgedacht. Aber die wichtigsten Passagen dieser Geschichte sind echt, sind so oder in ähnlicher Form von tausenden Müttern durchlitten worden:

Der Schock nach der Geburt des behinderten Kindes und oft die seelische Erstarrung danach, weil das Leid zunächst nur unter dem Schutz eines dicken Panzers auf der Seele zu ertragen war, sollte die Mutter nicht innerlich zerbrechen.

Die Isolierung von Freunden und Bekannten, die nichts mit dem bittersten Leid dieser Mutter zu tun haben wollen, da es ihr ruhiges und zufriedenes Leben beeinträchtigen würde.

Die Diffamierungen und Demütigungen durch eine verständnislose Umwelt, die vor der Kenntnis der Schädigungsursache durch Contergan die Schuld oft bei der Mutter suchte.

Das manchmal recht schwierige Akzeptieren des Kindes durch die Mutter wegen seiner starken Behinderungen, und danach das Problem, die Energie zu finden, sich mit aller Kraft für die Förderung des behinderten Kindes einzusetzen.

Die entstehenden Eheprobleme und die oft folgenden Ehescheidungen, weil viele Väter auf die Dauer nicht ertragen können, dass nicht mehr sie, sondern das behinderte Kind im Mittelpunkt des Interesses ihrer Frau steht.

Die Heime für schwerbehinderte Kinder, in denen diese zwar gut versorgt werden; aber wo sie geistig nicht gefördert werden können, weil dafür die Zeit und das nötige Fachpersonal für eine sachgemäße Förderung des Kindes fehlen.

Die Untersuchungen des behinderten Kindes in großen Kliniken, in dem seelenlosen, anonymen Getriebe mit überlasteten Ärzten und Krankenschwestern, und nach denen vor allem die Mütter hörgeschädigter Kleinkinder oft ohne

Hilfe blieben, nur mit dem Bescheid, in einem Jahr zur erneuten Untersuchung wiederzukommen.

All diese Probleme und noch viele mehr sind in dieser Geschichte zusammengefasst. In der Person von Margret Reimers, der Hauptfigur der folgenden Geschichte, will der Autor all den Frauen seine Hochachtung zeigen, die bei der Betreuung eines behinderten Kindes in ihrer unermüdlichen Opferbereitschaft die wirklichen Helden unserer Zeit sind.

2. Die Hauptpersonen dieser Geschichte

Margret Reimers, eine junge Frau, die sich auf ihr Kind und auf das künftige Familienglück freut. Eine Frau wie Millionen andere. Erst im Kampf gegen das Leid wächst sie über sich hinaus und geht unbeirrbar den Weg, den ihr die Liebe zu ihrem Kind und die verzweifelte Hoffnung auf Besserung zeigen.

Kurt Reimers, Margrets Ehemann und Juniorchef in der väterlichen Elektrofirma. Er liebt seine Frau, ist jedoch wankelmütig und sehr von dem Urteil anderer abhängig.

Erich Reimers, Kurts Vater, lebt nur für seine Fabrik, die er mit sicherer Hand leitet und erfolgreich vergrößert. Für seine Familie bleibt ihm nur wenig Zeit. Unangenehme private Entscheidungen überlässt er seiner Frau.

Elisabeth Reimers, Kurts Mutter, eine energische und ehrgeizige Frau, die sehr auf das Ansehen der Familie bedacht ist. Für ihren einzigen Sohn hätte sie sich eigentlich eine Ehefrau gewünscht, die mehr dem Stand ihrer Familie entsprochen hätte.

3. Die Fahrt zur Klinik

Der kleine Handkoffer war gepackt. Prüfend beschaute Margret Reimers das sauber aufgeräumte Zimmer. Liebevoll blieb ihr Blick an dem Korbwagen hängen, der unter den vielen Spitzen und Deckchen kaum zu sehen war. Leise trat sie auf den Wagen zu, schob ihn leicht hin und her. Nun war es bald soweit. Lange Jahre ihrer Ehe hatte sie warten müssen. Doch jetzt war es mit den vielen einsamen Stunden vorbei, die sie auf die Heimkehr ihres Mannes warten musste. Bald würde sie genug zu tun haben. Warm überflutete sie das Glücksgefühl. Eine richtige kleine Familie würden sie sein.

Ein jäher Schmerz durchzuckte Margret und stellte ihre Angst vor den kommenden schweren Stunden wieder in den Vordergrund. Wo blieb Kurt nur wieder heute Abend? Er wusste doch, dass ihre Zeit gekommen war. Schwer stützte sie sich auf eine Stuhllehne. Jetzt kamen die Wehen schon alle paar Minuten. Ob sie nicht doch lieber allein mit einem Taxi in die Klinik fahren sollte?

Einen Augenblick später trat Margret vor die Haustür und blieb aufatmend stehen. In der milden Abendsonne des Herbsttages lag der gepflegte Garten mit dem schmucken, modernen Bungalow vor ihren Augen. Ihr Blick glitt über die angrenzenden Gärten und den gegenüberliegenden Wald. Hier würde ihr Kind spielen und in Sonne und frischer Luft aufwachsen können.

Ein roter Sportwagen kam den schmalen Fahrweg hochgefahren und hielt mit einem harten Ruck vor dem Grundstück. Übermütig winkte ein schlanker junger Mann zur Tür. In seinem braungebrannten Gesicht lachten unbekümmert zwei blaue Augen und einer Reihe weißer Zähne.

„Kurt, dass du endlich da bist!", rief Margret und eilte etwas schwerfällig ihrem Mann entgegen. „Du wolltest doch viel früher kommen!" Kurt nahm sie zärtlich in die Arme.

„Verzeih, mein Schatz," sagte er verlegen, „ich hatte noch mit zwei Kunden einen Drink in der Espresso-Bar. Ich wollte ja gar nicht; aber mein Vater meinte, ich dürfe nicht fehlen. Aber ich bin ja trotzdem noch nicht zu spät gekommen." Wenig später fuhren sie mit dem Wagen in schnellem Tempo die Straße zur städtischen Klinik. „Es wird schon alles gut gehen," äußerte Kurt bewusst beiläufig. Aber Margret brauchte die Aufmunterung viel weniger als ihr Mann. Verstohlen warf Kurt ihr einen schnellen Blick zu. Das schmale Gesicht mit den zartgeschwungenen Lippen war von braunem, leicht gewelltem Haar umrahmt. Ihre braunen Augen, die Kurt so liebte, waren mit einem träumerischen Glanz in weite Fernen gerichtet. In Gedanken hatte Margret schon alles Schwere hinter sich, sah sich als glückliche Mutter wieder daheim, und darum hörte sie nur von weitem Kurts Worte.

„Natürlich wird es ein Junge, der spätere Chef unserer Firma!", versicherte Kurt stolz. „Wenn der künftige Erbe da ist, kann auch meine Mutter nichts mehr gegen unsere Ehe einwenden. Weil wir ja ein paar Jahre auf unseren Sohn warten mussten, hat sie doch tatsächlich gemeint, du könntest unfruchtbar sein." Laut lachend schüttelte Kurt den Kopf. Doch nach einem Seitenblick auf seine Frau brach er schnell das Lachen ab. Eine steile Falte hatte sich in Margrets Stirn gegraben, und starr blickten ihre Augen auf die Straße.

Hastig wechselte Kurt das Thema: „Du, wenn du wieder zu Hause bist, werden wir eine Kinderpflegerin einstellen. Unserem Sohn soll es an nichts fehlen!" Langsam kehrten Margrets Gedanken zur Gegenwart zurück. „Nein, Kurt, die Erziehung unseres Kindes möchte ich ganz allein in die Hand nehmen. Unsere Haushilfe genügt mir als Unterstützung vollkommen."

In wenigen Minuten hatten sie die kleine Stadt durchquert und das breite Portal der Klinik erreicht. „Mach´s gut, mein Junge, und komme mich bald besuchen." Zuversichtlich lächelnd gab Margret ihrem Mann einen Abschiedskuss. Mit einem etwas hilflosen Gefühl schaute Kurt ihr nach. Am Arm einer Krankenschwester schritt Margret ihrem Schicksal entgegen.

4. Ungewissheit und Warten

Margret erwachte mit einem dumpfen Druck im Kopf. Verwirrt schaute sie sich um. Sie lag in einem hohen Raum hinter einem langen Vorhang, der ein Stück vom Zimmer abtrennte.

Langsam kehrte ihr die Erinnerung zurück. Es hatte Schwierigkeiten bei der Geburt ihres Kindes gegeben. Und als ihre Schmerzen das Maß des Erträglichen überschritten, hatte man ihr eine Narkosespritze gegeben.

Nun waren ihre Schmerzen vorbei, und sie lag allein. Doch was war geschehen? Undeutlich unterschied sie Geräusche hinter dem Vorhang. Eine Schwester kam herein und holte ein sauberes Leinentuch. Doch bevor Margret etwas fragen konnte, war sie schon wieder allein. Zaghaft versuchte sie zu rufen. Eine andere Schwester schaute kurz herein: „Einen Augenblick bitte, Sie werden gleich auf Ihr Zimmer gebracht!" Und schon war sie wieder verschwunden.

„Warum lässt man mich hier allein liegen? Was ist mit meinem Kind?", fragte sich Margret verzagt. Doch bald danach kamen zwei Schwestern und rollten ihre Liege über lange Korridore in ein freundliches Einbettzimmer der 1. Klasse.

„Schwester, was ist los, was ist mit meinem Kind?" „Sie haben alles gut überstanden," bekam Margret zur Antwort. „Sie brauchen jetzt Ruhe und viel Schlaf." „Was ist es denn geworden? Ist es gesund?", fragte Margret nach. „Es ist ein Junge. Doch nun machen Sie sich keine Sorgen. Sie müssen schlafen!" „Kann ich mein Kind einmal sehen?", bat Margret.

„Nein, das geht jetzt nicht. Das Kind ist schon in der Babyabteilung und wird gerade versorgt. Morgen ist auch noch ein Tag."

Nachdenklich blickte Margret an die Zimmerdecke, nachdem man sie allein gelassen hatte. Warum waren die Schwestern so kurz angebunden? Warum gab man ihr eine so ungenaue Auskunft?

Doch schnell übertönte die Freude diese kurzen Bedenken. Sie hatte einen Sohn geboren, den späteren Erben der Firma. Ihr Leben hatte eine neue Aufgabe. Ihre Ehe wurde durch das Kind gefestigt. Die ständige Angst um ihr Lebensglück war endlich vorbei.

Plötzlich überfiel Margret eine starke Müdigkeit. „Die Angst um mein Lebensglück ist vorbei", dachte sie noch einmal. Dann schlief sie mit einem Lächeln auf ihren Lippen ein.

Am nächsten Tag konnte Margret ihre Unruhe nicht mehr bezwingen. Es wurde schon wieder Abend, und sie hatte weder ihr Kind zu sehen bekommen noch Besuch von ihrem Mann erhalten.

Ärzte und Krankenschwestern waren sehr freundlich zu ihr. Sie blieben aber bürokratisch stur, wenn sie nach ihrem Kind fragte. „Die ersten 24 Stunden nach der Geburt werden die Babys nicht gestillt. Wir haben nicht genug Personal, um die Kinder nur zum Anschauen durch die Klinik zu fahren," erklärte die Oberschwester kategorisch, „nein, wir dürfen da keine Ausnahme machen. Haben Sie ein paar Stunden Geduld. Ihrem Kind geht es gut."

Noch mehr befremdete Margret, dass sich ihr Mann nicht sehenließ. Sie wusste, dass er etwas unzuverlässig war und auch leicht mal ein Gläschen zu viel trank. Aber sie hatte doch den langersehnten Sohn, den künftigen Erben der

Firma, geboren. Konnte er über seine Freude die Mutter des Kindes vergessen?

Allmählich wurde ihr Ärger über die Rücksichtslosigkeit ihres Mannes immer mehr von der Sorge verdrängt, es könnte ihm etwas Schlimmes zugestoßen sein. War er vielleicht wieder einmal viel zu schnell gefahren, und hatte er möglicherweise einen Unfall erlitten, oder war er schwer krank? Aber warum bekam sie dann keine Nachricht?

Doch Ärger und Sorgen waren im Nu verflogen, als Schwester Ingrid die Tür öffnete und mitteilte: „Frau Reimers, Besuch von Ihrem Mann!" Nun würde er kommen, mit einem großen Strauß Rosen in der Hand, mit seinem unbekümmerten, jungenhaften Lachen, das sie so sehr an ihm liebte, würde sie voll Schwung in die Arme nehmen und küssen, bis ihr der Atem verging, und sie wusste, sie würde ihm sein langes Fernbleiben sofort verzeihen.

5. Der Schock

Aber ihr Kurt, der jetzt hereinkam, trug keine Rosen. Seine Hände hingen schlaff herab. Er sprach zu ihr kein Wort und schaute sie nicht an. Sein Blick ging starr durchs Fenster, und unaufhörlich tropfte eine Träne nach der anderen von seinen Wangen, die kreideweiß waren. Seine Lippen zitterten, sein Mund bewegte sich wie zum Sprechen; aber kein Laut kam aus ihm hervor.

Margrets erwartungsvolles Lächeln erstarrte in einer Maske, ihr Herzschlag setzte aus. Noch nie hatte sie ihren Mann in Tränen gesehen; etwas Entsetzliches musste geschehen sein. „Kurt, was ist, was ist los? Nun sag doch, was geschehen ist! Ist etwas mit deinen Eltern, mit meiner Mutter? Ist etwas mit unserem Kind? Kurt, Kurt, sag doch was!"

Ihr Mann war an der Tür stehen geblieben, wie ihn die Schwester hineingeschoben hatte. Er hatte auf keine Frage reagiert. Doch als Margret nach dem Kind fragte, drang ein dumpfes Stöhnen aus seiner Brust. Er sank auf einen Stuhl nieder, legte Arme und Kopf auf den Tisch und fing an zu schluchzen, dass sein Rücken erbebte.

Margret ertrug die Ungewissheit nicht länger. „Was ist mit unserem Kind? Ist es krank? Ist es tot?" Und als Kurt immer noch nicht antwortete, rief sie laut voller Verzweiflung: „Schwester, wo ist mein Kind? Ich will mein Kind sehen!"

Die Tür öffnete sich, und Schwester Ingrid trat herein. Auf dem Arm trug sie ein weißes Bündel, aus dem der Kopf eines Säuglings hervorschaute. Das Gesicht des Kindes war gelähmt, starr und ohne Leben; die Augen lagen in tiefen Schlitzen verborgen; die Ohrmuscheln fehlten; der Mund war halb offen mit schief herabhängenden Mundwinkeln.

Schwester Ingrid öffnete das Tuchbündel. Zwei winzige Ärmchen kamen zum Vorschein, nur zwei Drittel so lang, wie zu erwarten gewesen wäre. In Höhe normaler Ellbogen saßen auf jeder Seite nur vier Finger, die in merkwürdiger Weise nach innen gebogen waren.

Die Schwester nahm das Tuch jetzt ganz zur Seite. Das Kind hatte keine Beine. An zwei unförmigen, nach vorn gebogenen Oberschenkelstümpfen saßen seitlich nach innen zwei Füße mit den Fußsohlen zueinander. Nie würde das Kind auf diesen Füßen einen Schritt gehen können.

Margret schaute diesem Geschehen wie einem unwirklichen Schauerfilm zu, ohne den Zusammenhang zu begreifen. Was hatte diese hässliche, verkrüppelte Missgeburt mit ihren Sorgen und mit ihrer Verzweiflung zu tun? Erst als Schwester Ingrid, bestrebt, den Raum mit dem Baby schnell wieder zu verlassen, sich zu Tür wandte, traf Margret wie ein

Blitz die Erkenntnis, dass dieses armselige Geschöpf ihr eigenes Fleisch und Blut war.

Der plötzliche Schock über diese Erkenntnis war derart furchtbar, dass Margret nur von dem einen Gedanken getrieben wurde: Das kann und darf nicht wahr sein! Dies war ein entsetzlicher Traum, ein höllischer Spuk, der vorbei sein müsste, wenn man aufwachte. Ohne zu wissen, was sie tat, streckte Margret die Hände abwehrend von sich und schrie pausenlos: „Nein, nein, nein!"

Erschrocken wandte sich Schwester Ingrid an Kurt: „Aber haben Sie Ihrer Frau denn nicht erzählt, was mit dem Kind ….." Doch sie kam nicht mehr dazu, den Satz zu beenden. Kurt sprang auf und rannte wie von Furien gejagt aus dem Zimmer und aus der Klinik.

Schnell rief Schwester Ingrid einen Arzt herbei. Zwei Krankenschwestern mussten Margret festhalten, die schreiend um sich schlug und ihr Bett zerwühlte, bis der Arzt ihr eine Beruhigungsspritze geben konnte. Langsam erschlafften ihre Bewegungen, und sie fiel in einen totenähnlichen Schlaf.

6. Die seelische Erstarrung

In den nächsten Tagen war Margret wie versteinert. Sie weinte nicht, sie sprach nicht, sie lag völlig apathisch und starrte stundenlang die Zimmerdecke an. Willenlos ließ sie alles mit sich geschehen, aß auf Befehl der Krankenschwestern ein Stück Brot und antwortete auf die Fragen der Ärzte nur mechanisch mit ja oder nein. Sie schien es nicht zu merken, als man ihr den Sohn zum Stillen an die Brust legte. Sie fragte auch nicht, als man die Stillversuche nach kurzer Zeit aufgab, weil ihr Kind wegen der Gesichtslähmung das Saugen nicht lernte.

18

Margret nahm ebenfalls wenig Notiz von den Besuchen ihres Mannes. Kurts unbeholfene Versuche, Gesprächsthemen zu finden, die mit ihrem Unglück nichts zu tun hatten, erstickten in dem teilnahmslosen Schweigen seiner Frau. So schwiegen sie sich an, und Kurt, der sich sehr unbehaglich dabei fühlte, ging nach kurzer Zeit wieder fort und kam nur noch selten und kurz zu Besuch.

Genauso wenig beachtete Margret das tränenreiche Jammern ihrer Mutter, die wortreich das Unglück beklagte und nach den Ursachen und nach Gottes Gerechtigkeit fragte. Wie aus weiter Ferne hörte Margret die Stimme ihrer Mutter und blieb so ruhig, dass ihre Mutter später äußerte, sie wundere sich, wie gefasst Margret ihr Schicksal trage.

Aber Margret trug ihr Schicksal nicht. Sie entfloh ihm, indem sie sich der Gegenwart entzog. Unbewusst baute sie sich einen Panzer um ihr Herz. Empfindungen und Gefühle versteckte sie in das Innerste ihrer Seele, als ob sie ahnte, dass sie zerbrechen würde, sobald sie dem Leid nur den geringsten Zutritt gestattete. So gepanzert hörte sie das Wehklagen ihrer Mutter, als wenn es eine fremde, völlig gleichgültige Person beträfe. Nur ihr Körper lebte noch; aber die tatkräftige, lebensfrohe und empfindsame Margret, die in ihrem Körper gewohnt hatte, war nicht mehr vorhanden.

Diese Starre verließ Margret auch nicht, als sie nach zwei Wochen in ihre Wohnung zurückkehren konnte. Sie raffte sich zwar zur Arbeit auf, kochte Essen, gab der Haushilfe Anweisungen, tat aber alles mechanisch und ohne den gewohnten Schwung. Margret war erleichtert, dass ihr Kind noch für einige Wochen in einer großen Klinik blieb, um nach der Ursache der Schädigungen untersucht zu werden.

Schon lange vor der Geburt des Kindes war ausgemacht gewesen, dass es bei männlichem Geschlecht nach Kurts Vater auf den Namen Erich getauft werden sollte. Doch mit einiger Verlegenheit erklärte Kurt seiner Frau, dass dieser Name nicht mehr infrage käme, ohne dafür den Grund zu

19

nennen. Margret war es gleich gewesen, und als irgendwie der Name „Klaus" fiel, war das Kind so benannt worden.

Margrets Lethargie beeinträchtigte auch das eheliche Beisammensein. Sie war keineswegs ablehnend; denn sie liebte ja Kurt und wollte alles für ihn tun. Aber die lodernde Leidenschaft und das Aufgehen in das restlose Glück der Hingabe waren ihr nicht mehr möglich. Wiederholt versuchte Kurt, den Zauber vergangener Nächte zu beschwören, und bedeckte Margrets Körper mit heißen Küssen. Aber seine Küsse wurden bald schwächer und hörten auf, und dann lagen Kurt und Margret schweigend nebeneinander und starrten ins Dunkel. Eine unsichtbare Mauer stand zwischen ihnen, und beide waren unglücklich, dass sie die Mauer nicht überwinden konnten.

Sollte der schwere Schicksalsschlag auch noch ihre Ehe zerstören? Margret hatte eine unbestimmte Angst, die mit jedem der Abende wuchs, während derer sie stundenlang auf die Heimkehr ihres Mannes warten musste.

7. Vorwürfe der Schwiegermutter

Dieselbe Angst schnürte ihr die Kehle zu, als Kurt eines Abends seine Eltern zum Abendbrot mitbrachte. Was wollten sie bei ihr in der Wohnung, die sie doch sonst fast nie betraten?

Das gemeinsame Abendessen verlief in einer frostigen Atmosphäre. Kurt sprach mit seinem Vater über einige Probleme in der Firma; die beiden Frauen schwiegen.

Doch nach dem Essen sagte Kurts Mutter, Elisabeth Reimers, unvermittelt zu ihrem Mann: „Erich, du wolltest mit Kurt doch noch die neuesten Aufträge besprechen. Das Wetter ist so schön, ihr könntet doch einen kleinen Spaziergang machen!"

20

Erschrocken blickte Margret in das harte, undurchdringliche Gesicht ihrer Schwiegermutter. Leise bat sie ihren Mann: „Bitte Kurt, lass mich nicht allein!" Unentschlossen zögerte Kurt einen Augenblick. Aber seine Mutter packte ihn resolut bei der Schulter und schob ihn hinaus. „Nun geh man schon. Wir Frauen müssen uns auch einmal in aller Ruhe aussprechen können."

Mit kalten Augen blickte Elisabeth ihre Schwiegertochter an, die unbeweglich am Fenster saß und in den Garten schaute. Jetzt war die Stunde der Abrechnung gekommen, in der Elisabeth dieser hergelaufenen Person endlich einmal sagen konnte, welch Unglück und Schande sie über die ehrbare Familie der Reimers gebracht hatte. Mit langsamen Schritten ging Elisabeth im Zimmer auf und ab und blieb dann dicht neben Margret stehen.

„Du kannst dir vielleicht vorstellen, dass ich nicht gekommen bin, um mit dir Komplimente zu tauschen", begann Elisabeth mit schneidender Stimme. „Es geht mir darum, die Schande zu beseitigen, die du uns ins Haus getragen hast!"

Elisabeth machte eine Pause, beobachtete Margret einen Augenblick und sagte dann langsam: „Vater, Kurt und ich haben beschlossen, dass deine Missgeburt gleich nach seiner Entlassung aus dem Krankenhaus in ein Heim kommt, wo es für sein armseliges Leben gepflegt wird. Ich habe bereits mit verschiedenen Heimen Kontakt aufgenommen."

Margret hatte wieder einen dichten Schutzpanzer um ihr Herz gelegt und hörte die hasserfüllte Stimme nur wie aus weiter Ferne. Elisabeth ärgerte sich, dass Margret sie keiner Antwort würdigte, und dachte bei sich: „Dieser hochmütigen Person soll der Stolz gleich vergehen!" Sie trat noch dichter an Margret heran und sprach höhnisch:

„Einen feinen Erben für unsere Fabrik hast du in die Welt gesetzt, das muss man sagen. Einen schwachsinnigen

Krüppel ohne Gliedmaßen als künftigen Chef der Firma! Du machst dir scheint´s keine Gedanken darüber, was das Elend bedeutet, welches du uns gebracht hast."

Die Erbitterung ging mit Elisabeth durch und sie schrie Margret ins Ohr: „Die Firma Reimers war stets eine ehrbare Firma! Kurts Großvater hat sie aufgebaut, und Vater hat sie bedeutend vergrößert. Wir waren angesehen in der Stadt; Vater sollte sogar als Bürgermeister aufgestellt werden. Und jetzt zeigen die Leute auf uns, flüstern hinter der vorgehaltenen Hand. Du weißt, wie es in einer Kleinstadt zugeht. Wie soll ich mich jetzt im Damenzirkel sehen lassen! Ich höre schon die mit geheuchelter Teilnahme gestellten Fragen. Ich höre auch die höhnischen Bemerkungen der Neider: Eine gerechte Strafe Gottes. Hochmut kommt vor dem Fall. Aber das berührt dich ja alles gar nicht."

Mit steigender Wut registrierte Elisabeth Margrets scheinbare Teilnahmslosigkeit. Das war also die Frau, die sich ihren einzigen Sohn angeln musste, die nichts mitbrachte außer einem hübschen Gesicht, die nicht einmal eine empfindsame Seele besaß, sondern alles gleichgültig von sich abstreifte. Nur ins warme Nest wollte sie sich setzen und dankte es der Familie mit einer Missgeburt. Doch jetzt sollte ihr die Maske heruntergerissen werden.

„Du hast es gewusst, dass eine Missgeburt kommen könnte!", behauptete Elisabeth. „Das ist nicht wahr!", reagierte Margret empört. Mit Befriedigung bemerkte Elisabeth, dass es ihr gelungen war, Margret aus ihrer Teilnahmslosigkeit zu reißen. „Du lügst!", zischte sie ihr ins Ohr; „eine solche Missgeburt kann nur durch eine erbliche Veranlagung entstehen. In den alteingesessenen Familien von Vater und mir hat es nichts dergleichen gegeben. Doch woher kommt deine Familie? Hattest du nicht einen älteren Bruder, der kurz nach der Geburt starb? Woran ist er denn gestorben?"

„Ich weiß es nicht; meine Mutter hat es mir nie erzählt," erwiderte Margret verzagt und leise, erschrocken über diese Möglichkeit. „Du weißt es doch!", widersprach Elisabeth, „warum mussten wir denn jahrelang auf einen Erben warten? Weil du Angst hattest, es könnte so kommen, wie es gekommen ist. Du wolltest kein Kind. Du hättest niemals heiraten dürfen! Aber du wolltest eine gute Partie machen, ohne Rücksicht auf das Unglück, das du über andere Menschen bringen musstest!"

Margret schaute wieder aus dem Fenster und antwortete nicht mehr, weil sie einsah, dass gegen den Hass dieser Frau jedes Wort vergeblich war. Aber Elisabeth deutete das Schweigen als Eingeständnis einer Schuld und sagte leise und eindringlich:

„Aber glaube ja nicht, dass ich tatenlos zusehen werde, wie du einen Wechselbalg nach dem anderen in die Welt setzt. Du wirst dich von Kurt trennen müssen. Für den Erben der Firma braucht Kurt eine andere Frau!"

„Nein, das wird nicht geschehen!" Margret war aufgesprungen und sah ihre Widersacherin an wie ein gejagtes Tier. „Das wird nie geschehen! Kurt hält zu mir!". „Noch", antwortete Elisabeth, „aber nicht mehr lange, dafür werde ich schon sorgen!"

Mit Margrets Beherrschung war es jetzt vorbei; der Schutzpanzer um ihr Herz war zerschlagen. „Lass mich allein! Ich will dich nicht mehr sehen!", schrie sie, „verlasse meine Wohnung!"

„Halt den Mund, dumme Gans!", fuhr Elisabeth sie an; „siehst du nicht, dass die Männer zurückkommen und dein albernes Geschrei hören können? Und was heißt hier eigentlich deine Wohnung? Du hast sie doch wohl nicht mit in die Ehe gebracht!"

Kurt und Erich Reimers betraten das Zimmer. Sie spürten sofort die Spannung, die in dem Raum lag. Margret saß wie zu Beginn unbeweglich am Fenster und schaute in den Garten hinaus. Elisabeth hatte es sich betont lässig in einem Sessel bequem gemacht.

Kurt schaute misstrauisch auf seine Mutter. Er wusste, dass sie von Anfang an auf seine Frau nicht gut zu sprechen gewesen war. Hatte sie mit Margret während seiner Abwesenheit wirklich nur über die Heimunterbringung des Kindes gesprochen?

„Was ist geschehen, Mutter?", fragte er. „Margret und ich haben uns geeinigt, dass das Kind sobald wie möglich in ein Heim kommt", teilte Elisabeth mit. Eine tiefe Befriedigung lag in ihrer Stimme. „Ich habe mit ihr nur über das Kind gesprochen, wie wir verabredet hatten."

Kurt traute seiner Mutter immer noch nicht recht. Er ging zu seiner Frau, legte ihr den Arm um die Schulter und fragte sie zärtlich: „Margret, meine Liebe, sag, was ist mit dir?"

Doch Margret schwieg und wandte sich nicht zu ihm. „Wie ihr verabredet hattet", dachte sie voll Verbitterung, „oh Kurt, warum hast du mich mit deiner Mutter allein gelassen? Warum musstest du mich verraten?"

Kurt deutete Margrets Verhalten falsch. Er fühlte nicht ihre Verzweiflung, sondern nur ihr ablehnendes Schweigen, das ihn in letzter Zeit schon so oft zurückgestoßen hatte, wenn er das frühere Vertrauen zu erneuern versuchte. Dass Margret in gleicher Weise sogar in Gegenwart seiner Eltern reagierte, empfand er als eine demütigende Kränkung. „Wenn ich dich freundlich etwas frage, darf ich auch eine freundliche Antwort erwarten", sagte er ärgerlich und wandte sich von ihr fort.

Elisabeth stand auf: „Es ist jetzt Zeit für uns, nach Hause zu gehen. Kurt, hast du Lust, noch ein bisschen mit uns zu kommen?" Kurt zögerte und schaute unschlüssig auf seine Frau. Dann aber gewann der Unmut über Margrets

Teilnahmslosigkeit die Überhand. Er stand auf und ging mit seinen Eltern ohne einen Gruß von dannen.

Lange Zeit verharrte Margret in gleicher Stellung am Fenster. „Kurt, mein liebster Kurt", dachte sie, „wenn ich jetzt mit dir ganz allein wäre, vielleicht könnte ich dann meinen Kopf an deine Brust legen, dir alles erzählen und mich ausweinen. Kurt, warum hast du mich wieder allein gelassen?"

Leise senkte sich die Dämmerung über den Garten. Vom Nachbarhaus klang fröhliches Kinderlachen. „Hier im Garten sollte mein Kind später umherlaufen und spielen", schoss es Margret plötzlich durch den Kopf. „Wenn ich doch weinen könnte, wenn ich doch nur weinen könnte!"

8. Die Schädigungsursache bleibt unklar

Seit einiger Zeit hatte Margret ihr Kind bei sich zu Haus. Die Untersuchungen in der großen Kinderklinik waren abgeschlossen. „Bitte stellen Sie Ihr Kind in einem Jahr zur erneuten Untersuchung wieder vor", hatte der einzige Bescheid gelautet, den sie erhielt.

Vergeblich bat Kurt die Klinik mehrfach um Auskünfte über die Ursache der Schädigungen und über Möglichkeiten zur Hilfe. Aber er bekam von der Klinikleitung nur eine nichtssagende Antwort, und spätere Anfragen blieben unbeantwortet.

Kurts Nachforschungen ergaben auch in Margrets Familie keinerlei Hinweise auf eine erbliche Belastung. Dennoch sei eine Vererbung nicht ganz auszuschließen, meinte ein Arzt zu Kurt, und sprach von einem eventuell möglichen ungünstigen Zusammentreffen rezessiver Erbanlagen bei beiden Elternteilen. Doch was sollte man mit solch einer vagen Auskunft anfangen?

In einem Zeitungsartikel wurden die in letzter Zeit so merkwürdig zahlreich auftretenden Missbildungen bei Neugeborenen auf die erhöhten Strahlungswerte durch die zahlreichen Atombombenexplosionen zurückgeführt, durch die die verfeindeten Atommächte ihre Nuklearwaffen immer wieder testeten.

Margret interessierte sich nur wenig für Kurts Bemühungen, den Grund für die Schädigungen ihres Kindes zu finden. Dadurch wurde ihr Kind auch nicht wieder gesund. Sie musste als Mutter so und so ihr Schicksal tragen, das Kind versorgen und mit dem grauen Alltag fertig werden.

Kurts Eltern hätten kein noch so hohes Pflegegeld gescheut, das missgebildete Kind so schnell wie möglich aus der Stadt zu bringen. Aber auch die teureren Privatheime waren sämtlich überfüllt oder nicht bereit, ein so schwer geschädigtes Kind auf Dauer aufzunehmen. Darum mussten sie warten, bis ein Pflegeplatz frei wurde.

So blieb das Kind zunächst bei Margret mit dem ausdrücklichen Hinweis ihrer Schwiegermutter, mit dem Kind im Kinderwagen nicht auf die Straße zu gehen. Keiner aus der Kleinstadt sollte die Schande dieser Missgeburt zu sehen bekommen. Auch in den Garten oder vor das offene Fenster sollte der Kinderwagen nicht gestellt werden.

9. Die Versorgung des Kindes

Margrets Leben wandelte sich nun auch äußerlich. Das Baby machte sehr viel Arbeit; vor allem das Füttern war wegen der Gesichtslähmung äußerst mühsam, Das Kind machte keinerlei Kaubewegungen, und ständig floss der Milchbrei aus dem ewig offenen Mund wieder heraus.

Margret hatte befürchtet, sie müsste Widerwillen empfinden, ein derart missgebildetes Baby zu pflegen. Aber zu ihrem Erstaunen fiel es ihr nicht schwer. Woran gewöhnt man sich nicht alles! Es war eine Arbeit, die getan werden musste, und das war gut so. Durch die viele Arbeit war ihr Tag voll ausgefüllt, und Margret hatte keine Zeit mehr, jeden Tag stundenlang über ihr Schicksal nachzugrübeln.

Aber die Arbeit mit dem Kind brachte nicht die einzige Änderung im Tageslauf. Margret und Kurt liebten sehr die Geselligkeit, und früher hatten sie fast jeden Abend Gäste bei sich, oder sie waren als Gäste eingeladen. Kurt hatte durch die Firma viele Verbindungen; aber auch Margret hatte zahlreiche Freundinnen, und es war immer sehr vergnügt auf den Abenden hergegangen.

10. *Die Isolierung von den Freunden*

In den ersten aufregenden Wochen nach der Geburt ihres Kindes war es Margret und Kurt gar nicht aufgefallen, dass sie keine Einladungen zu Besuchen mehr erhielten. Doch auch in den folgenden Wochen blieben die Einladungen aus. Und wenn sie selber Bekannte und Freunde einladen wollten, entschuldigten sich diese meist mit den unterschiedlichsten Ausreden.

Margret hatte lange überlegt, warum sie bei ihren Freunden nicht mehr willkommen waren. Die Freunde waren doch nicht hasserfüllt wie ihre Schwiegermutter. Einige von ihnen waren für einen Abend gekommen, doch statt der früheren Herzlichkeit und interessanten Gesprächen beherrschten Verlegenheit und banale Redewendungen den Abend. Es fiel keine scherzhafte Bemerkung, es gab kein befreiendes Lachen. Die alten Freunde blieben wie Fremde bei einem Höflichkeitsbesuch, und sie verabschiedeten sich sehr früh mit sehr vielen höflichen Floskeln.

Durch einen Zufall erfuhr Margret, dass ihre beste Freundin Bärbel einen Tag später eine Party veranstaltete; aber Margret war nicht eingeladen. Unter einem Vorwand rief Margret bei der Freundin an und erkundete sich beiläufig nach dem geplanten Fest. Bärbel wurde äußerst verlegen: „Selbstverständlich bist du mit Kurt auch herzlichst willkommen, falls ihr gerne kommen möchtet. Es ist nur so, ….." Bärbel zögerte, bevor sie weiter sprach: „Wir planen ein Kostümfest, bei dem das verrückteste Kostüm einen Preis bekommt. Und wir machen noch eine ganze Menge vergnügten Quatsch. Und da wussten wir nicht so recht, ob es euch, ….. ob ihr Spaß daran haben würdet. Bitte versteh mich nicht falsch, Margret; es ist doch nur, weil, ….. wie soll ich es sagen ….." „Ich verstehe, Bärbel, du hast Recht", unterbrach Margret resigniert ihre Freundin und legte auf.

Margret hatte verstanden. Durch ihr schreckliches Schicksal mit dem missgestalteten Kind hatte sie das Recht auf Fröhlichkeit und vergnügte Kameradschaft verloren. Sie würde bei einem ausgelassenen Fest nur unangenehm auffallen; denn wer nicht mitlacht, stört die allgemeine Stimmung. Die Welt ist traurig genug; wer will sich noch zusätzlich mit dem Leid anderer belasten? Man geht dem anderen aus dem Weg, dann wird man nicht mit dessen Leid behelligt.

Nun erst wurde Margret bewusst, dass viele Nachbarn sie nicht mehr wie früher ansprachen, ja, dass sie oftmals nicht einmal mehr grüßten, nur um den Kontakt zu vermeiden.

Wenn ein Angehöriger gestorben ist, das ist der natürliche Lauf des Lebens, dafür gibt es althergebrachte Formen des geäußerten Mitgefühls. Aber was soll man zu dem Fall einer Missgeburt sagen, so ein unnatürliches, geradezu peinliches Geschehen?

Die Begegnung mit Margret war peinlich, das war das richtige Wort. Plötzlich stand es Margret klar vor Augen. Es gibt Dinge, über die spricht man in einer Kleinstadt nicht gern, zumindest nicht mit dem Betroffenen.

Es wunderte Margret nun nicht mehr, dass ihre Haushilfe ohne Nennung von Gründen kurzfristig kündigte, und dass Kurt trotz seiner Bemühungen und guter Lohnangebote vorerst keine neue Hilfe fand. Margret hatte von nun an auch noch abends sehr viel Hausarbeit zu erledigen; aber es war ihr recht, kam sie doch so über die einsamen Abendstunden besser hinweg. Kurt hatte es da leichter; er konnte hingehen, wohin er wollte, und kam fast jeden Abend erst sehr spät nach Hause.

Die einzige Frau aus der ganzen Stadt, die Kontakt zu Margret hielt, war eine ihrer Nachbarinnen, Frau Neufeld, eine abgearbeitete Frau in den Vierzigern, Witwe und Mutter von vier Kindern, die sie mit einer kleinen Rente mühsam großzog; das jüngste Kind, fünf Jahre alt, war durch Mongolismus schwachsinnig geblieben. Frau Neufeld war eine schweigsame Frau, mit einem bitteren Zug um den Mund, aber mit gütigen Augen. Sie bot jetzt Margret ohne große Worte und ohne Forderungen ihre Hilfe an: „Wenn ich mal etwas für Sie vom Supermarkt mitbringen soll, sagen Sie es ruhig. Und wenn Sie eine Besorgung machen müssen, bringen Sie mir das Kind rüber. Ich passe auf und kann es auch mal versorgen."

Margret hatte mit Frau Neufeld früher nie mehr als ein Grußwort gewechselt. Ihre gesellschaftliche Stellung und ihre Interessensgebiete waren zu unterschiedlich, um näher zueinander zu finden. Doch nun wurde Margret allmählich klar, dass ihre frühere gesellschaftliche Stellung keine große Bedeutung mehr hatte. Sie war von allen früheren Bekannten isoliert. Sie war abgestempelt zur Schicksalsgemeinschaft derer, die ein tiefes Leid tragen, von dem die Öffentlichkeit nichts weiß und nichts wissen will.

11. Diffamierungen

Doch bald musste Margret die Erfahrung machen, dass es noch weit schlimmere Gründe für ihre Isoliertheit gab, als sie sich je hatte vorstellen können: Bei einem Einkauf im Bäckerladen war es sehr voll gewesen; das Kind musste schleunigst versorgt werden, und Margret eilte rasch nach Haus. Einige Schritte hinter dem Bäckerladen merkte sie, dass sie ihre Handtasche dort liegengelassen hatte, und sie kehrte zurück. Doch in der Ladentür wurde sie Zeugin eines Gespräches der anderen Kundinnen, das ihr die Schamröte ins Gesicht trieb.

„Die junge Frau ist ja zu bedauern mit ihrem armseligen Wurm; aber wer weiß, ob sie nicht doch Schuld daran trägt; denn ganz ohne Grund entsteht so ´ne Missgeburt doch nicht." ---- „Wer weiß, was sie früher mal für ein Leben geführt hat. Ich habe schon öfter gehört, dass Frauen mit einem schlechten Lebenswandel später keine gesunden Kinder kriegen." ---- „Vielleicht hat sie sich ja dadurch diese Krankheiten geholt, davon gibt es doch solche Missbildungen." ---- „Ich bin fest davon überzeugt, dass der Herrgott im Himmel Glück und Unglück gerecht verteilt. Wer solch ein Unglück erleidet, muss in seinem Leben schwer gesündigt haben. Das steht auch in der Bibel." .... „Ich würde mich an ihrer Stelle nicht so viel auf der Straße sehen lassen. Man trägt doch seine Schande nicht ...."

Die letzte Kundin unterbrach erschrocken ihren Satz. Mit feuerrotem Gesicht trat Margret vor sie, riss mit einem heftigen Ruck ihre Handtasche an sich und lief aus dem Laden. Sie lief, sie rannte durch die Straßen, ohne sich umzusehen und ohne die verwunderten Blicke der Passanten wahrzunehmen. Selbst als sie ihre Wohnung am Stadtrand erreicht hatte, fand sie keine Ruhe, sondern ging mit eiligen Schritten auf und ab.

Margret weinte auch diesmal nicht. In ohnmächtiger Wut ballte sie die Fäuste und schlug sie immer wieder gegeneinander, als könne sie dadurch dies ekelhafte Getratsche in alle Winde zerschlagen. Gerechtigkeit Gottes! Wo blieb diese Gerechtigkeit? Was war dies überhaupt für eine Welt? Wie konnte Gott so etwas zulassen?

Margret war keine Kämpfernatur. Sie nahm ihr Schicksal auf sich, auch wenn sie es seelisch nicht tragen konnte. Sie war eine gläubige Frau, die trotz des bitteren Leides bisher nicht mit ihrem Herrgott gehadert hatte. Doch jetzt durch diese Verleumdungen bäumte sich alles in ihr auf.

Margret ging wochenlang nicht mehr auf die Straße, ließ kleine Einkäufe durch Frau Neufeld erledigen, oder sie bestellte größere Warenmengen telefonisch im Supermarkt und ließ sie ins Haus bringen. Sie sprach fast kein Wort mehr.

12. Schuldgefühle und Angst

Kurt spürte Margrets Unruhe und fragte oftmals nach dem Grund. Doch Margret konnte ihm keine Auskünfte geben. Sie war sich seiner Zuneigung doch auch unsicher geworden. Gewiss liebte er sie; gewiss würde er den Unsinn der Tratschweiber verurteilen. Aber hielt Kurt auch fest genug zu ihr? Kurt war so sehr von den Meinungen anderer abhängig. Wenn er erfuhr, wie die Leute in der Stadt über sie dachten und sprachen, würde Kurt ihr dann immer noch zur Seite stehen? Und so wich Margret Kurts Fragen aus und erlebte dann an seiner Reaktion wieder einmal, wie durch ihr Schweigen erneut ein Stück ehelichen Vertrauens zerbrach.

So unsinnig es auch war, von Schuld zu sprechen, so regten sich auch in Margret leise Schuldgefühle ihrem Mann gegenüber. Gewiss, sie konnte nichts für ihr Unglück. Aber sie hatte doch irgendwie versagt. Dies Kind war doch ihr Werk, in ihrem Leib entstanden. Damit wollte sie doch ihren Mann glücklich machen. Ihr Werk war misslungen. Sie hatte als Mutter versagt.

Und wie versagte sie jetzt als Ehefrau! Alles machte sie falsch. Sie wollte Kurts Liebe erhalten und stieß ihn durch ihr Schweigen zurück. Sie wollte sich ausweinen in seinen Armen und ihm all ihren Kummer erzählen, schaffte es aber nicht. Sie wollte ihrem Mann all ihre Leidenschaft schenken, und sie wirkte doch kalt und gefühllos. Margret liebte Kurts fröhliches, unbeschwertes Lachen, doch sie erstickte es in ihrer dauernden Depression. Sie wollte ihren Mann glücklich machen und hatte ihn in Wahrheit unglücklich gemacht, und das war das Schlimmste.

Und schon kam zu dem Schuldgefühl die Angst. Wie lange würde sie ihren Mann noch halten können? Er war doch das Einzige, was für sie noch einen Wert hatte. Wenn sie ihn verlor, hatte ihr Leben keinen Sinn mehr.

13. Die Erkrankung des Kindes

Eines Tages merkte Margret, dass ihr Kind krank war. Es hatte bereits am Morgen erbrochen und zu Mittag jegliche Nahrungsaufnahme verweigert. Jetzt lag es apathisch in seinem Körbchen, atmete schnell, und Schweiß glänzte auf seiner Stirn.

Am Nachmittag hatte ihr Kind 38,5 Grad Fieber. Doch als Margret am späten Abend die Temperatur noch einmal prüfte, war das Fieber bereits auf 39,5 Grad gestiegen. Beunruhigt ging Margret ans Telefon, um einen Arzt zu holen, als Kurt gerade nach Haus kam.

Kurt hatte wieder etwas zu viel getrunken, wie so oft in den letzten Wochen. Zwar hielt er bis jetzt noch ein gewisses Maß im Trinken, doch Margret fürchtete dauernd, Kurt könnte sich allmählich daran gewöhnen, dann eines Tages richtig betrunken nach Hause fahren und ihr Zusammenleben noch mehr belasten, wenn er nicht schon vorher mit seinem Wagen verunglückte.

Schnell unterrichtete Margret ihren Mann über die Krankheit ihres Kindes. Kurt ging mit schweren Schritten zu dem Körbchen. Zum ersten Mal nach langer Zeit schaute er seinen Sohn genau an, den offenen Mund, der schnell und stoßweise den Atem entließ, das starre, rote Gesicht, von dem die Schweißtropfen perlten, und die winzigen verkürzten Ärmchen, die unruhig durch die Luft schlugen.

Sehr lange und sehr nachdenklich betrachtete Kurt sein krankes Kind. Dann fasste er seine Frau um die Schulter, führte sie zum Esstisch und sagte beruhigend: „Mach dir keine Sorgen. Kleine Kinder fiebern leicht. Für die ist das noch keine hohe Temperatur. Gönn dem Arzt seinen Feierabend."

Unentschlossen und nervös deckte Margret den Tisch. Schweigend nahmen sie das verspätete Abendbrot zu sich. Doch bevor Margret ihrem Mann ins Schlafzimmer folgte, prüfte sie noch einmal die Temperatur des Kindes. Erschrocken sagte sie zu ihrem Mann: „Das Kind hat jetzt 40,6 Grad Fieber. Ich rufe den Arzt!"

Schnell kam Kurt aus dem Schlafzimmer zu ihr, legte ihr beide Hände auf die Schultern, blickte ihr in die Augen und sagte leise zu ihr: „Liebste, dieses arme Wesen, unser Kind, ist das bedauernswerteste Geschöpf, das wir kennen. Keine Strafe kann so grausam sein wie das Leben, das ihm bevorsteht. Es ist unser Kind; ich brächte nie den Mut und die Kraft auf, es von seinem Leid zu erlösen. Doch wenn Gott beschlossen haben sollte, es wieder zu sich zu nehmen, wäre es ein Segen für das Kind und auch für uns. Niemand kann uns eine Schuld nachweisen, wenn wir die Gefährlichkeit einer Infektion unterschätzt haben. Jeder wird uns verstehen. Lass dem Herrgott die Entscheidung! Es ist nicht deine Aufgabe, ihm in den Arm zu fallen. Komm, Liebste, komm ins Bett!"

Willenlos ließ sich Margret ins eheliche Schlafzimmer führen, ließ sich die Schuhe ausziehen und das Kleid öffnen. Verwirrt und zugleich beglückt ließ sie die Liebkosungen ihres Mannes über sich ergehen, die sie so lange entbehrt hatte. Sie spürte, Kurts Liebe zu ihr war noch vorhanden, und diese Liebe würde wieder voll zwischen ihnen erblühen, sobald sie von der schrecklichen Bürde ihres Kindes befreit wären.

Frei sein! Frei von Leid und Einsamkeit; frei von der ewigen Angst um Kurts Liebe; frei von den Verfemungen einer verständnislosen Umwelt. Sie würde wieder die Margret von früher sein, lebensfroh, tatkräftig, temperamentvoll; sie würde sich in Kurts Umarmung wieder zur vollen Leidenschaft mitreißen lassen und ihm die höchsten Wonnen der Liebe schenken. Und er, Kurt, ihr Liebster, ihr Einziger, wäre wieder der übermütige Junge, hätte wieder sein unbekümmertes Lachen, würde sie nicht mehr jeden Abend warten lassen, würde sich nicht mehr betrinken und würde sie nie, nie verlassen! Sie waren doch noch so jung; sie hatten doch sonst alles zum Leben; warum sollte ihr richtiges Leben schon beendet sein, nachdem es kaum begonnen hatte!

Aber als Margret wieder allein im Bett lag und das Licht löschte, kamen mit der Dunkelheit die Zweifel auf sie zu. Im Nebenraum starb vielleicht ihr Kind, und sie, die Mutter, lag tatenlos im Bett und wollte schlafen. Ihr Kind war in Not, es brauchte seine Mutter, und sie versagte sich ihm in der Todesangst. Durfte sie sich überhaupt Mutter nennen? Und was forderte Gott? War es wirklich sein Wille, wie Kurt behauptete, dass sie tatenlos den Tod ihres Kindes abwarten sollte? Verlangte Gott nicht vielmehr Einsatz statt Passivität, Hilfe für die Schwachen, Selbstlosigkeit!

Margret setzte sich plötzlich im Bett auf. Selbstlosigkeit! Wie war es mit ihrer Selbstlosigkeit, wenn sie ihr Kind sterben ließ? Mit angehaltenem Atem saß Margret still, lauschte in die Nacht und auf die Stimme ihres Gewissens. Aus dem Kinderzimmer hörte sie ihren Sohn husten. Da hielt es sie nicht länger im Bett. Leise schlich sie sich aus dem Zimmer und schaute nach ihrem Baby.

Ihr Kind lag mit krebsrotem Gesicht im Bett. Sein Atem ging noch schneller als vorher; die Nasenflügel bebten, und der ganze Körper erzitterte in unregelmäßigen Abständen.

Margret brauchte ihr Gewissen nicht mehr zu befragen. Ohne weiteres Nachdenken stand für sie der Entschluss fest: Ihr Kind brauchte Hilfe, und sie musste helfen.

Jetzt noch einen Arzt zu holen, könnte für das Kind bereits zu spät sein. Ihr Kind musste sofort ins Krankenhaus. Sie musste sich schnell ankleiden und für einen Krankenwagen telefonieren.

Vorsichtig schlich sich Margret ins Schlafzimmer zurück. ‚Wie Kurt nur schlafen konnte, wenn sein Kind im Sterben lag! So leise wie möglich suchte Margret im Dunkeln ihre Kleidung zusammen und begann sich anzuziehen. Aber Kurt hatte nicht geschlafen. Plötzlich machte er das Licht an und fragte mit harter Stimme: „Was willst du?"

„Kurt, ich kann es nicht mit ansehen, wie das Kind sich quält", sagte Margret mit bittender Stimme, „ich will das Kind ins Krankenhaus bringen!" „Das wirst du nicht tun!", erwiderte Kurt und setzte sich auf. Mit festem Blick schaute er Margret ins Gesicht: „Du weißt, was wir vereinbart haben. Für den Arzt ist am Morgen Zeit."

Margret hielt seinem Blick stand. Sie fühlte, dass sie jetzt um ihr Kind würde kämpfen müssen, und das gegen den eigenen, geliebten Mann. Entschlossen sagte sie: „Kurt, ich kann nicht anders. Das Kind muss ins Krankenhaus. Ich kann mit meinem Gewissen nichts anderes vereinbaren. Bitte, Liebster, lege mir nichts in den Weg!"

Voll Ärger sah Kurt, wie sich seine Frau unbeirrt weiter ankleidete. War das noch seine stille, anschmiegsame Margret, die sich ihm sonst immer untergeordnet hatte? Kurt erkannte, dass er seine Frau nicht ohne weiteres würde hindern können, das Krankenhaus anzurufen. Der Alkohol in seinem Blut brachte ihn in Erregung, wandelte seinen Ärger in steigende Wut und schwemmte Vernunft und Überlegung fort.

„Und an mich denkst du überhaupt nicht!", schrie er seine Frau an. Er stand auf, ging zu ihr und packte sie hart an der Schulter. „Diesen armseligen Wurm, dem der Tod Erlösung bedeutet, willst du am Leben erhalten; aber mein Leben willst du zerstören! Ich habe die Nase voll. Ich will das Kind aus dem Hause haben! Ich will wieder eine vernünftige Frau. Ich will wieder in netter Form mit meinen Freunden zusammenkommen. Ich will diesen Krüppel nicht mehr sehen! Ich will endlich wieder leben, richtig leben!"

„Ich, ich, immer nur ich; was bist du doch für ein Egoist, Kurt!", unterbrach ihn Margret erregt. „vorhin hast du von dem armen Kind geredet; aber jetzt erkenne ich deine wahren Gründe." Krampfhaft bemühte sie sich, aus seinem Griff freizukommen: „Lass mich los! Geh weg! Lass mich allein!"

„Ich lasse dich nicht los!", erwiderte Kurt und versperrte mit seinem Körper die Schlafzimmertür, „nicht eher, als bis du Vernunft angenommen hast und dich wieder ins Bett legst. Meinst du, ich lass mir von dir die Chance versauen, endlich wieder Ruhe und Frieden ins Haus zu bekommen!"

Margret gab ihm keine Antwort. Verzweifelt kämpfte sie mit ihrem Mann, sich aus seinen Händen zu befreien, doch bald merkte sie, dass es hoffnungslos war, gegen seine Körperkraft anzugehen. Stöhnend gab sie nach und ließ sich von Kurt zu ihrem Bett zurücktragen.

Doch sie hörte nicht seine beruhigenden Worte. Ständig das Bild ihres sterbenden Kindes vor Augen, für das jede

Minute Verzögerung den Tod bringen konnte, verlor sie den letzten Rest Selbstbeherrschung. Wütend hämmerte sie mit den Fäusten auf seine Arme und schrie: „Lass mich los, du Mörder, du Mörder deines eigenen Kindes!"

Dieser Vorwurf half. Erschrocken ließ Kurt seine Frau los und wich einen Schritt zurück. „Ich bin kein Mörder!", sagte er tonlos. Doch als er seiner Frau ins Kinderzimmer folgte, übermannte ihn wieder die Wut: „Aber du bist ein Mörder, der Mörder unserer Ehe! Was hab´ ich denn von dir, wenn ich nach Hause komme? Eine missmutige, abgearbeitete Haushälterin, die kein Wort spricht, weil diese verdammte Missgeburt ihr die Seele aus dem Herz gerissen hat! Was ich von dir als Frau habe, kann ich mir genauso gut in der Kellerbar am Bahnhof besorgen!"

Dieser Schlag war zu viel für Margret. Laut aufstöhnend sank sie auf einen Stuhl zusammen und verbarg das Gesicht in ihren Händen. Sofort war Kurt nüchtern. Das hatte er nicht gewollt. Er liebte seine Frau. Er wollte ihr nicht wehtun.

Zaghaft trat er zu ihr und sagte in ruhigem, sanftem Tonfall: „Verzeih, Margret, ich habe dir Unrecht getan. Aber bitte, versteh meine Erregung. Es geht nicht nur um mich, sondern um uns beide. Überleg doch mal: Was führen wir denn für eine Ehe? Wann unterhalten wir uns noch über ein interessantes Thema? Wann haben wir das letzte Mal etwas Schönes unternommen? Wann zeigen wir einander unsere tiefe Liebe? Wie sehr leiden wir beide, weil keiner mehr unser Freund sein will! Aber es gibt doch einen neuen Anfang, wenn unserem Kind sein schreckliches Leben erspart bleibt. Margret, Liebste, es kann doch alles wieder wie früher werden!"

Auch Margret war wieder ruhig geworden und schaute ihrem Mann offen und ernst ins Gesicht. Diese ehrlichen, liebevollen Worte taten ihr gut, öffneten auch ihr das Herz und machte sie bereit zur ersten offenen Aussprache seit der Geburt ihres Kindes.

„Nein, Kurt, es kann nicht wieder alles wie früher werden." Langsam und nachdenklich schüttelte Margret den Kopf. „Unsere Liebe wird beständig bleiben, wenn wir uns darum bemühen, und auch unser Zusammenleben wird mit der Zeit wieder harmonischer werden. Aber wir können das Geschehene nicht auslöschen. Wir können nicht von vorne anfangen, als ob nichts gewesen sei. Wir selber sind ja anders geworden."

Margret griff nach Kurts Hand und drückte sie an ihre Wange. „Sieh, Kurt, es wäre schön, wenn wir unser Kind einfach fortzaubern könnten. Aber ....." Margret zögerte, und es fiel ihr sichtlich schwer, das Innerste ihres Herzens bloßzulegen. „Du weißt, dass ich seit der Geburt des Kindes nicht mehr in der Kirche war, und ich habe nicht einmal mehr die Kraft gefunden, ein Gebet zu sprechen. Es war alles tot in mir. Aber trotzdem glaube ich noch an Gott; ich hab's erst vor einigen Minuten in mir erfahren, und ich glaube, dass Gott Forderungen an uns stellt und Opfer verlangt. Meinst du nicht auch, es wäre ein schlechter Beginn eines neuen Lebens, wenn wir unser Gewissen derart belasten würden? Wir könnten dann doch nicht glücklich werden."

Margret hatte zum Schluss ganz leise gesprochen und drückte ihren Kopf an seinen Arm. Kurt streichelte ihr Haar. Er war gerührt und zugleich beglückt, dass seine Frau endlich wieder offen zu ihm gesprochen hatte, dass er ihre Seele wiederentdeckt hatte.

„Ich kann dich verstehen, Margret", sagte er, „aber auch ich glaube an Gott, wenngleich ich nur selten in der Kirche war und in meinem Leben kaum zum Gebet gefunden habe. Aber mein Gott verlangt nicht ein derart unsinniges Opfer von mir. Mein Gott folgt der Vernunft, die für alle Beteiligten das Beste will, nicht nur für mich und für dich, sondern auch für unser Kind. Aber ....." , Kurt zuckte mit den Schultern und ging zur Schlafzimmertür, „ich will dich in keinen Gewissenskonflikt stürzen. Wenn du meinst, du musst um

Hilfe telefonieren, so tu´s. Ich werde dich nicht mehr daran hindern."

Sofort ging Margret ans Telefon, rief im Krankenhaus an und bestellte einen Wagen. Dann zog sie sich an und wickelte das Kind in warme Tücher.

Resigniert stand Kurt in der Schlafzimmertür und schaute seiner Frau zu. Leise sagte er: „Margret, ich liebe dich, und ich möchte für immer zu dir halten. Aber das Kind setzt unsere Liebe einer starken Belastungsprobe aus. Ich befürchte, unsere Liebe wird eines Tages daran zerbrechen. Ich sag es nur, damit du genau weißt, was du tust."

Diese Worte senkten sich wieder wie eine schwere Last auf Margrets Seele. Doch Margret schob diese Sorge gewaltsam von sich. Jetzt durfte sie nur an ihr Kind denken und sich von nichts ablenken lassen. Sie arbeitete weiter und gab Kurt keine Antwort. Schon hörte sie den Krankenwagen vorfahren und lief wortlos mit dem Kind auf dem Arm nach draußen.

Kurt stand am dunklen Schlafzimmerfenster, zündete sich nervös eine Zigarette an und sah dem davonfahrenden Auto nach. Lange starrte er düster in die Nacht. Doch plötzlich warf er die Zigarette zu Boden, zertrat sie fluchend, zog sich einen Mantel an und stürmte hinaus. Wenige Sekunden später raste er mit seinem Wagen in die Dunkelheit hinein.

Am Eingang des Krankenhauses wurde Margret bereits von einer Krankenschwester erwartet, die ihr das Kind abnahm und es sofort in einen Behandlungsraum brachte. Der diensthabende Arzt ließ sich von Margret kurz den Krankheitsverlauf schildern. Dann blieb Margret drei quälende Stunden im Wartezimmer allein.

Endlich kam der Arzt zurück: „Ihr Kind hat eine Lungenentzündung. Wir haben ihm sofort Antibiotika gegeben, die jetzt allmählich ihre Wirkung zeigen und das hohe Fieber senken. Ich glaube, Sie können nun beruhigt nach Hause gehen; die unmittelbare Lebensgefahr ist vorbei. Aber hätten Sie das Kind nur etwas später eingeliefert, wäre es nicht mehr zu retten gewesen."

Nachdenklich schaute der Arzt der jungen Frau nach, die langsam die Stufen zum Ausgang hinabschritt. In der kühlen Nachtluft blieb Margret aufatmend stehen. Sie hätte ein Taxi rufen können. Aber sie wollte zu Fuß nach Hause gehen.

Auf dem Weg durch die stillen Straßen legte sich allmählich Margrets Erregung. Sie hatte ihrem Kind das Leben gerettet. Aber was hatte sie dadurch erreicht? Ihrem Kind stand weiterhin ein qualvolles Leben bevor; Kurt hatte vollkommen Recht. Und ihre Ehe war in Zukunft noch stärker belastet als bisher.

Was Margret getan hatte, war unvernünftig und dumm. Warum hatte sie denn so gehandelt? Sie liebte das missgestaltete Wesen nicht. Und doch, Margret spürte es ganz klar, sie hatte das Richtige getan, sie hatte so handeln müssen.

14. Margrets innere Wandlung

Drei Wochen später konnte Margret ihr Kind wieder gesund nach Hause holen, und ihr Alltag begann wieder wie gewohnt.

Doch Margret hatte sich verändert und zugleich ihre Einstellung zu ihrem Kind. Ihr Sohn war nicht mehr das fremde Wesen, das sie gegen ihren Willen aufnehmen und versorgen musste. Sie selbst hatte für das Kind mit aller Leidenschaft gekämpft, hatte ihm das Leben gerettet; es war jetzt *ihr* Kind.

Und zugleich mit ihrem Kind akzeptierte sie das harte Schicksal, das ihr auferlegt war. Sie hatte es so gewollt, als sie ihr Kind rettete. Sie fühlte, dass diese Entscheidung gegen alle Vernunft richtig war. Nun war sie auch innerlich bereit, die Konsequenzen zu tragen.

Margret bekam nicht ihre frühere Lebhaftigkeit und Fröhlichkeit zurück. Aber sie verlor ihre resignative Passivität. Sie erledigte ihre Arbeit nicht mehr wie in einer Trance, sondern packte aktiv neue Aufgaben an. Und wenn sie ihr Kind versorgt hatte, legte sie es nicht mehr wie bisher sofort ins Bettchen zurück, sondern spielte, sprach und lachte mit ihm.

Weil Margret ihr Schicksal angenommen hatte, blieb ihre Aktivität auch am Abend bestehen, wenn ihr Mann von der Arbeit kam. Sie unterhielt sich wieder mit ihm, erfüllte seine Wünsche und war auch wieder an Sex mit ihm interessiert. Ihre Ehebeziehung wurde besser, und da Kurt sich nun auf den Abend mit ihr freuen konnte, kam er auch wieder früher am Abend nach Hause.

15. Das Lächeln des Kindes

Inzwischen war Margrets Sohn ein halbes Jahr alt geworden. Eines Tages fiel Margret auf, dass das Kind in letzter Zeit oft so merkwürdig sein Gesicht verzog. Sein Antlitz war starr wie immer, und der Mund blieb halboffen. Doch nun zog das Kind oft den rechten Mundwinkel nach oben, dass sein Gesicht für einen Augenblick einen höhnischen Ausdruck bekam.

Margret bemerkte, dass ihr Kind das fast immer tat, wenn sie an sein Bett trat. Was hatte das nur zu bedeuten? Sie nahm ihr Kind auf den Arm, und wieder verzog es den Mundwinkel und sah sie höhnisch an.

Plötzlich fiel es Margret wie Schuppen von den Augen. Ihr Kind freute sich, wenn es seine Mutter sah; es versuchte, mit seinem gelähmten Mund zu lächeln, und sie hatte es nicht verstanden.

Stürmisch drückte Margret ihr Kind an sich: „Du mein Junge, mein Klaus, du freust dich, wenn ich komme; du hast mich lieb, und ich will dich auch lieb haben!"

Und auf einmal stiegen ihr die Tränen in die Augen, und sie weinte das erste Mal seit Geburt ihres Kindes. Sie wusste nicht, warum sie weinte; aber die ganze seelische Überlastung und Verkrampfung der letzten Monate lösten sich in Tränen auf. Und in den Tränen wurde ihr klar: sie hatte eine neue Lebensaufgabe gefunden; ihr Leidensweg war nicht mehr sinnlos; für ihren Jungen musste sie arbeiten und Opfer bringen, für ihren Klaus, der sie anlachte, der sich freute, seine Mutter zu sehen, und für den sie die einzige Hilfe war auf der Welt.

Noch lange saß Margret am Bett ihres Sohnes und bewachte seinen Schlaf, während sich die Abenddämmerung über das Land senkte. „Mein Klaus, ich will dich liebhaben und beschützen", dachte sie immer wieder. Und sie musste plötzlich lächeln, als ihr auffiel, dass sie jetzt in Gedanken immer „Klaus" sagte und nicht mehr „das Kind". Durch sein Lächeln war ihr Junge zu einer Person geworden, der man einen Namen gibt.

Margrets Tränen hatten den Panzer aufgelöst, den sie um ihre Seele gelegt hatte, um in dem Leid nicht zu zerbrechen. Jetzt konnte sie wieder lächeln, für ihr Kind hoffen und sich über ihren Sohn freuen. Aber sie fühlte auch, dass jeder künftige Schmerz sie wieder bis ins Innerste treffen konnte, und sie ahnte, das Leid würde auch in Zukunft häufiger zu ihr kommen als die Freude.

Als Kurt wenig später nach Hause kam, sah er sofort den neuen Glanz in Margrets Augen. Überrascht und erfreut umarmte er sie und fühlte endlich wieder die frohe, unbekümmerte Stimmung in sich aufsteigen, wie in früheren

Jahren. Diese Stimmung wollte er sich erhalten, und spontan hatte er eine Idee:

„Margret, wir sind eine Ewigkeit nicht mehr zusammen ausgegangen. Das Theater aus der Kreisstadt spielt heute im Gemeindesaal der Christuskirche ein Lustspiel von Molière. Wenn du das Kind zur Nacht versorgt hast, könnten wir doch hinfahren und hinterher noch etwas bummeln gehen." Freudig stimmte Margret zu, und Kurt eilte gleich zum Telefon, um die Karten für die Aufführung zu bestellen.

Hätte Margret ihr Geheimnis für sich behalten, wäre alles gut gegangen. Aber ihr Herz war zum Zerspringen voll von dem neuen Glück, und sie konnte nicht schweigen. Sie legte ihren Kopf an Kurts Brust und sagte leise: „Kurt, heute hat mir unser Klaus eine große Freude bereitet. Komm mal mit ins Kinderzimmer, dass ich dir´s zeigen kann. Er ist gerade wieder wach geworden."

Margret sah nicht die steile Falte, die sich in Kurts Stirn gegraben hatte. Unwillig folgte ihr Kurt ins Kinderzimmer. Heute wollte er fröhlich sein, verdammt noch mal, und für einen Abend mal nicht an diesen armseligen Wurm denken müssen, der ihre Ehe zerstörte.

„Schau mal Kurt, jetzt: Klaus erkennt uns und lächelt uns zu; er freut sich, dass wir an sein Bett kommen." Unwirsch blickte Kurt für eine halbe Sekunde auf das starre Gesicht des Kindes mit dem höhnisch verzogenen Mund. Er konnte weiß Gott nichts erkennen, was der Rede wert war, und riss seine Frau hart aus ihren Träumen:

„Margret, ich bitt´ dich, nun werde nicht sentimental! Nächstens hörst du ihn in Gedanken noch Gedichte von Goethe zitieren. Du versteigst dich da in unsinnige Hoffnungen, weil du nicht erkennen willst, dass das Kind idiotisch ist. Geh´ jetzt schnell zur Küche, damit wir Abendbrot essen und nicht zu spät zum Theater kommen!"

Aller Glanz war in Margrets Augen erloschen;; statt dessen kamen ihr Tränen. Schweigend deckte sie den Tisch, und still in sich gekehrt nahm sie das Essen zu sich. Kurt versuchte mehrfach, sie durch ein fröhliches Gespräch aus ihren Gedanken zu reißen und sie aufzumuntern, aber vergeblich. Zuletzt erhob er sich mit einem solchen Ruck vom Stuhl, dass das Geschirr auf dem Tisch klirrte.

„Wenn diese verdammte Missgeburt doch endlich aus dem Haus käme!", schrie er unbeherrscht, „aber auch jeder Abend wird einem dadurch versaut. Du siehst nicht danach aus, als ob du noch viel Freude an einem lustigen Theaterstück hättest. Aber lass man, mir ist der Spaß auch vergangen."

Ärgerlich verließ Kurt das Zimmer. Margret blieb am Tisch sitzen und biss sich auf die Unterlippe. „Ich geh´ noch mal für´n Augenblick ein Bier trinken", hörte sie seine Stimme aus dem Nebenzimmer. Da schossen ihr die Tränen aus den Augen.

Wie oft hatte Kurt sie mit diesen Worten allein gelassen, und sie hatte sich nichts anmerken lassen. Aber heute konnte sie sich nicht beherrschen. Wo war der Schutzpanzer geblieben, der sie vor dem Leid abschirmte?

Wenn Kurt vor dem Fortgehen doch nur noch einmal ins Esszimmer schauen würde. Er würde sie bestimmt nicht in Tränen sitzen lassen. Er liebte sie doch. Aber Kurt ging schnell an der Zimmertür vorbei und ohne Gruß von dannen. Sie hörte noch den Motor seines Wagens aufheulen, dann war sie allein.

Margret ging ins Kinderzimmer und fand am Bett des Jungen allmählich ihre Ruhe zurück. Sie sah ein, was sie falsch gemacht hatte. Ihre Freude am Kind, ihre neue Lebensaufgabe, musste vorerst ihr Geheimnis bleiben; das konnte kein anderer verstehen, nicht einmal der eigene Mann.

Margret nahm sich vor, ihrem Mann von nun an spontan ihre Zuneigung zu zeigen, auch wieder Fröhlichkeit zu äußern. Ihre geheime Freude am Lächeln ihres Kindes würde ihr dabei helfen. Am nächsten Abend sagte sie zu ihrem Mann: „Bitte verzeih mir, dass ich dir gestern den Abend verdorben habe. Vielleicht hast du ja Recht, dass ich mir das Lächeln von Klaus nur einbilde. Auf jeden Fall soll er unserer Liebe nicht mehr im Wege sein. Ich will mich bemühen, trotz unseres schweren Schicksals, liebevoll und auch fröhlich mit dir zu sein."

Da nahm Kurt sie in die Arme, küsste sie und sagte: „Ich danke dir für deine Worte. Und den verlorenen Feierabend von gestern holen wir heute mit aller Fröhlichkeit nach!"

16. Die Schädigungen durch Contergan

Ein Vierteljahr später meldeten sich Kurts Eltern bei Margret zum Abendessen an. Die seltenen Besuche ihrer Schwiegereltern hatten Margret bisher fast immer Unannehmlichkeiten gebracht. Umso überraschter war Margret, dass das Abendessen diesmal in einer freundlichen Atmosphäre stattfand. Ja, Margret hatte den Eindruck, als ob ihre Schwiegereltern sich bewusst um einen herzlichen Ton bemühten.

Nach dem Abendessen saßen sie in gemütlichem Gespräch beisammen, als Kurts Vater unvermittelt fragte: „Sag mal, Margret, hast du eigentlich zu Beginn deiner Schwangerschaft gelegentlich ein Schlafmittel genommen?" Margret bejahte nach kurzem Nachdenken. „Wie hieß das Schlafmittel?" „Ich weiß es nicht mehr", antwortete Margret verwirrt, „aber ich muss einen Rest davon noch in meiner Nachtschrankschublade haben." „Bitte hole es doch gleich einmal her!", bat sie ihr Schwiegervater dringend.

Verwundert kramte Margret in ihrem Nachtschrank und brachte das Medikament. Ihre Schwiegereltern und ihr Mann gerieten in große Aufregung: „Also doch, Contergan, tatsächlich!", und die Tabletten wanderten von Hand zu Hand.

Bevor Margret eine erstaunte Frage stellen konnte, hörte sie die vorwurfsvolle Stimme ihrer Schwiegermutter: „Warum musstest du damals diese Schlaftabletten nehmen?" Margret brauchte nicht lange nachzudenken. O ja, sie erinnerte sich noch ganz genau, und ärgerlich über die vorwurfsvolle Frage antwortete sie ihrer Schwiegermutter nicht ohne Schärfe: „Das war damals kurz vor dem Betriebsfest eurer Firma. Du verlangtest, dass meine Mutter an dem Festabend nicht teilnehmen sollte; wahrscheinlich war sie dir nicht vornehm genug. Mich hat das damals sehr gekränkt; ich habe viel geweint, und weil ich deshalb für längere Zeit nur sehr schlecht einschlafen konnte, hat mir mein ‚Arzt diese Tabletten verschrieben. Aber was soll das Ganze eigentlich? Was ist mit den Tabletten?"

Für einen Augenblick herrschte verlegenes Schweigen. Dann erhob sich Erich Reimers schwerfällig aus dem Sessel und ging langsam auf Margret zu: „Margret, wir haben dir Unrecht getan. Du hast keine Schuld an dem missgestalteten Kind. Es steht heute in der Zeitung, dass das Schlafmittel Contergan das Wachstum der Glieder des Babys während der Schwangerschaft verhindert hat."

Nachdenklich setzte sich Margret nieder. Die Ursache der Missbildung war ja eigentlich gleichgültig; denn ihrem Kind würden die Glieder nicht mehr nachwachsen. Dennoch war sie traurig. Bisher hatte sie ihr Leid als ein allgewaltiges Schicksal aufgefasst, dem Gott vielleicht einen menschlich unfassbaren Sinn gegeben hatte. Mit diesem Schicksal hoffte sie sich eines Tages abfinden zu können. Doch nun war es nur ein dummer, banaler Zufall, der ihr Lebensglück zerstört hatte. Warum musste gerade damals dieser Streit sein?

Warum hatte ihr der Arzt damals gerade dieses Schlafmittel verschrieben?

Andererseits war sie nun anscheinend nicht mehr so verfemt wie bisher, als man bei ihr eine erbliche Belastung angenommen hatte, obwohl Margret vergeblich nach der Logik suchte, warum sie in dem einen Fall schuldig, im anderen Fall unschuldig sein sollte.

17. Die Ablehnung eines Pflegeheimes

Die Stimme ihres Schwiegervaters riss Margret aus ihren Gedanken: „Margret, du hast eine schwere Zeit hinter dir mit der Pflege dieses Kindes. Aber dein Leben wird wieder unbeschwert werden wie früher. Ich habe eine frohe Nachricht für dich: Wir haben endlich ein Pflegeheim gefunden, welches bereit ist, das Kind sofort aufzunehmen. Es ist ein bekanntes, sehr gutes Privatheim, in dem dein Kind sein Leben lang die beste Pflege haben wird, die man sich denken kann."

„Es ist ein sehr teures Heim", warf Elisabeth ein, „du musst Vater sehr dankbar sein, dass er vorerst alle Kosten übernehmen will!" „Das Heim ist schon für einige Monate vorbezahlt", fuhr Erich fort, „es ist alles fest vereinbart. Es fehlt nur noch pro forma deine Unterschrift als Mutter in dem Aufnahmeformular."

Kurt ging mit schnellen Schritten zu Margret, legte seinen Arm um sie und sagte liebevoll: „Margret, ein neues, schönes Leben fängt für uns an. Und Liebste, wir wissen ja jetzt, dass du erbgesund bist; du wirst in Zukunft nur gesunde Kinder bekommen, auch den künftigen Erben der Firma. Die bittere Vergangenheit ist endlich vorbei!"

Aber Margret nahm Kurts Worte gar nicht in sich auf. Sie saß starr und blickte ins Nichts. Endlich erhob sie sich, ging mit steifen Schritten rückwärts in Richtung auf das

Kinderzimmer und sagte leise und bestimmt: „Nein, ich gebe Klaus nicht her. Klaus bleibt bei mir."

Fassungslos starrten die anderen sie an. „Aber warum denn nicht? Margret, was ist mit dir?" Besorgt ging Erich auf seine Schwiegertochter zu, blieb aber unschlüssig stehen, als diese abwehrend ihre Hände hob:

„Nein, ich will Klaus selber erziehen. Er braucht meine Liebe, mehr als ein gesundes Kind. Meine Liebe ist das Einzige, was er besitzt. In dem Heim unter Fremden wird ihn keiner so lieben. Er würde dort völlig unglücklich werden."

„Margret, ich bitt´ dich, sei doch vernünftig!", wandte sich Kurt verzweifelt an sie. „An dem Kind ist nichts zu erziehen; es ist schwachsinnig, sieh es doch endlich ein. Dem Kind ist es ganz egal, wo es lebt, wenn es nur gut gepflegt wird, wenn es keinen Hunger und keine Schmerzen hat. Es kann deine Liebe gar nicht empfinden, weil es nichts in sich aufnimmt!" „Das ist nicht wahr!", beharrte Margret, „Klaus freut sich, wenn ich komme, er lächelt jedes Mal."

„Diesen Quatsch hat uns Kurt von dir schon mitgeteilt", reagierte Elisabeth ärgerlich; „aber ich will nicht, dass diese Missgeburt weiterhin Hauptgesprächsstoff in der Stadt bleibt; sie muss aus dem Haus. Sei nicht so undankbar gegenüber Vaters großzügigem Angebot!"

„Margret, nun überleg doch mal", schaltete sich Erich wieder ins Gespräch, „selbst wenn das Kind inzwischen das Lächeln gelernt haben sollte, bedenke doch, es wird bald ein Jahr. In diesem Alter fangen andere Kinder an zu sprechen und reagieren auf jedes Wort der Mutter. In der Nachbarstadt lebt auch ein missgebildetes Kind, dem die Arme fehlen; das kann auch noch nicht laufen, redet aber mit eineinviertel Jahren wie ein Buch. Dein Kind dagegen ist doch stumpfsinnig und reagiert auf keine Anregung."

Kurt ging zu Margret, die schweigend an der Tür zum Kinderzimmer stand und langsam den Kopf schüttelte, und er fasste ihre Hände: „Margret", sagte er bittend, „denk an unsere Liebe, an unser gemeinsames Glück. Es soll doch wieder so schön werden wie früher. Zerstöre doch nicht das Glück unserer Ehe!"

Margret stiegen die Tränen in die Augen: „Kurt, ich kann nicht, ich kann Klaus nicht allein lassen; er braucht mich doch!", antwortete sie mit erstickter Stimme.

Elisabeth erhob sich vom Sofa. „Unter diesen Umständen weiß ich nicht, was wir hier noch länger sollen. Margret hat noch Zeit, es sich besser zu überlegen; anderenfalls wird sie es bitter bereuen. Komm Erich, wie gehen!"

Als seine Eltern das Haus verlassen hatten, ging auch Kurt zur Haustür. Dort drehte er sich um und sagte eindringlich zu Margret: „Dies ist jetzt das zweite Mal, dass du unsere Liebe verrätst für deine Hirngespinste. Du weißt nicht, wie sehr ich bei meinen Eltern um den Bestand unserer Ehe habe kämpfen müssen, wie froh ich war, als wir diese Möglichkeit, unser Eheglück zu retten, gefunden hatten. So sehr ich dich noch liebe; aber wenn es so weiter geht wie bisher, werden wir uns trennen müssen. Du musst dich entscheiden: dein Mann oder das idiotische verkrüppelte Kind!"

Lange Zeit stand Margret regungslos und schaute durch einen Schleier von Tränen auf die Tür, durch die Kurt verschwunden war. Dann ging sie ins Kinderzimmer und dachte pausenlos: „Das Kind oder dein Mann." Mechanisch nahm sie den Jungen hoch und versorgte ihn. Doch als er sie wieder anlachte, drückte sie ihn ans Herz und sagte: „Mein lieber Klaus, nie werde ich dich fortgeben!" Alle anderen, auch ihr Mann und sie selbst, konnten notfalls allein und einsam durchs Leben gehen, aber ihr armes, geschädigtes Kind nicht.

Klaus oder Kurt, diese Alternative durfte sie nicht gelten lassen. Es musste ihr gelingen, sich beide zu erhalten; irgendwie musste es ihr gelingen.

18. *Margrets Freude am Kind bleibt geheim*

Margret weigerte sich auch in den nächsten Wochen, das Formular zur Heimeinweisung ihres Kindes zu unterschreiben. Klaus blieb bei ihr, und nach außen änderte sich vorerst nichts.

Aber Margret wusste, dass noch nichts entschieden war. Ihre Schwiegereltern und Kurt warteten nach wie vor, dass sie eines Tages „vernünftig" werde und auf ihr Kind verzichte.

Margret wusste jedoch auch, welche Fehler sie bisher gemacht hatte. Wenn sich Kurt mit der weiteren Anwesenheit des Kindes abfinden sollte, durfte dieses in keiner Weise mehr ihre Ehe belasten. Margret nahm sich vor, sich während der kurzen Abendstunden ganz ihrem Mann zu widmen und alle düsteren Gedanken beiseitezuschieben.

Dies gelang ihr besser, als sie zuvor befürchtet hatte. Die Hinwendung zum Kind, ihre neue Lebensaufgabe, füllte sie auch innerlich aus. Diese neue Aufgabe, zu der sie jetzt bewusst ja sagte, forderte von ihr nicht nur Mühe, sondern gab ihr auch Kraft, ihr Leben aktiv zu gestalten.

Wenn Kurt bei ihr war, ging sie auf seine Gespräche ein; sie gingen gelegentlich auch wieder zu Partys und anderen Veranstaltungen; ja, es glückte Margret manchmal sogar, wieder fröhlich zu lachen.

Ängstlich vermied Margret jedes Gespräch über Klaus, um ja keine Konfliktsituation heraufzubeschwören. Sie versorgte den Jungen, bevor ihr Mann nach Hause kam. Dann stellte sie sich auf Kurts Heimkehr ein und kümmerte sich nur noch um ihn.

So war ihr Mann wieder zufrieden mit seiner Frau, und da er problematische Aussprachen scheute, fragte er nicht viel nach seinem Kind. Und Margret erzählte von sich aus gar nichts über Klaus, auch die kleinen Fortschritte in seiner Entwicklung hielt sie geheim. So war es für Kurt beinahe so, als ob Margret ihr Kind tatsächlich fortgegeben hätte.

19. Das Ende der Diffamierungen

Nachdem bekannt geworden war, dass die Missbildung des Kindes wie die tausender anderer sogenannter „Contergankinder" durch ein Schlafmittel verursacht worden war, wurde diese betrübliche Tatsache als ein bedauerlicher Unfall angesehen, der jeder Frau bei einer Schwangerschaft hätte passieren können. Der Fluch, das Kind sei durch Vererbung oder gar durch einen schlechten Lebenswandel der Mutter geschädigt worden, war in der Kleinstadt von ihr genommen worden.

Die Leute unterhielten sich beim Einkauf wieder mit Margret und tratschten nicht mehr. Es gelang Kurt sogar, eine neue Haushilfe zu finden, nun der Fluch nicht mehr bestand. Das war für Margret eine große Erleichterung, da sie sich nun noch intensiver mit der Förderung ihres Kindes beschäftigen konnte. Außerdem war die Aufsicht über das Kind kein Problem mehr, wenn Kurt mit ihr zu einer Abendveranstaltung fahren wollte.

Kurt merkte die Veränderung seiner Frau. Er lebte wieder auf, zeigte seinen alten Frohsinn und war unternehmungslustig. Er trank nicht mehr so viel und kam früher nach Hause als in den Monaten vorher.

Kurt vermied auch weiterhin jedes Gespräch über seinen Sohn. Er hatte die Neigung seines Vaters geerbt, unangenehme Dinge von sich zu schieben. Solange seine Frau aufgeschlossen und interessiert war, hütete er sich, die gute Stimmung durch verfängliche Fragen zu stören. So bekam Kurt seinen Sohn wochenlang kaum zu sehen und sprach kein Wort über ihn. Selbst der einjährige Geburtstag des Jungen wurde von allen Familienangehörigen stillschweigend übergangen.

20. *Keine sprachlichen Lernfortschritte des Kindes*

Margret bemühte sich nun intensiv, ihr Kind zu fördern. Sie sprach ständig mit ihm, solange der Junge wach war, hielt ihn stundenlang auf dem Arm, zeigte ihm viele Dinge aus seinem kleinen Lebenskreis und benannte ihre Namen. Oft legte Margret Klaus auch bäuchlings auf eine Wolldecke auf dem Boden und legte Bausteine und andere kleine Gegenstände in seine Reichweite. Ihr Sonn wirkte dabei sehr interessiert und spielte ausdauernd mit den vorgelegten Spielsachen.

Nach einiger Zeit gelang es Klaus auch, sich auf dem Bauch rutschend vorwärts zu bewegen, und wieder nach einiger Zeit versuchte er, sich auf seinen Beinstümpfen und auf seine verkümmerten Ärmchen zu erheben und machte Krabbelversuche. Und es dauerte nicht lange, bis er das Krabbeln gelernt hatte. Es ging nicht so schnell wie bei anderen Babys, es war mühsam, aber Klaus zeigte Energie und Ausdauer, und sein Krabbeln wurde immer sicherer und schneller. Wenn Klaus dann beim Krabbeln an neue Gegenstände im Zimmer gelangt war, untersuchte er sie und bemühte sich, sie anzufassen und zu bewegen.

Margret freute sich sehr über diese Fortschritte ihres Sohnes; denn sie bewiesen eindeutig, dass Klaus nicht schwachsinnig war. Leider machte er aber keinerlei Fortschritte im Sprachverständnis und schon gar nicht mit den ersten Worten, was seinem Alter von eineinviertel Jahren angemessen gewesen wäre; er sprach nicht einmal „Mama", das ihm doch ständig vorgesprochen wurde.

Klaus lächelte seine Mutter an, wenn er sie sah, aber auf ihre Worte reagierte er nicht, drehte sich nicht um, wenn er gerufen wurde, und reagierte auch nicht auf Worte wie „nein", wenn er etwas nicht anfassen sollte. Er schaute seine Mutter auch nicht an, wenn sie mit ihm sprach, und blieb total gleichgültig ihren Worten gegenüber.

Margret ging mit ihrem Sohn zum Kinderarzt der Kleinstadt. Dieser meinte, ihr Sohn könne an Autismus leiden. Diese Kinder wirkten in ihrem Spielen und Handeln ganz normal und altersgemäß; aber sie hätten kein großes Interesse an anderen Menschen, außer dass sie von ihnen versorgt wurden. Der Arzt empfahl Margret, wenn die Sprachentwicklung ihres Kindes weiterhin ausbleibe, sich an die Universitätsklinik im nahegelegenen Hamburg zu wenden für eine genaue Untersuchung ihres Kindes nach allen Richtungen.

Im Laufe der Zeit fiel es Margret immer schwerer, ihre wachsenden Sorgen um die Entwicklung von Klaus jeden Abend von sich zu werfen und nach außen hin immer gelöst und unbeschwert zu erscheinen. Klaus wurde nun schon bald eineinhalb Jahre alt, und noch immer machte er keine Fortschritte im Sprachverständnis und eigenen Sprechversuchen; er lallte auch nicht wie andere Kleinkinder vor dem Sprechen lernen. Margret musste sich wiederholt vergewissern, dass Klaus nichts von dem verstand, was sie ihm sagte, und auch gar nicht auf ihre Worte achtete.

Klaus lag im Bett meist ruhig auf dem Rücken, spielte mit seinen kurzen Ärmchen stundenlang geduldig mit den kleinen Gegenständen, die Margret ihm ins Bett reichte. Beim Spielen mit Spielzeug und anderen kleinen Dingen bewies Klaus eine erstaunliche Geschicklichkeit und Geduld, obwohl er nur vier Finger an jeder Hand hatte und wegen seiner kurzen Ärmchen kaum die Hände zusammenführen konnte. Doch Gegenstände waren das einzige, was ihn interessierte, von einem kurzen Lächeln für seine Mutter abgesehen, wenn er sie sehen konnte. Hatte Kurt vielleicht doch Recht, dass Klaus geistesschwach war und sein Leben lang wie ein Baby bleiben würde? Margret wagte diesen Gedanken nicht zu Ende zu denken.

Margrets Bemühen, nach außen hin froh zu wirken, wurde immer verkrampfter. Und an einem Abend, als sie Besuch von einem Geschäftsfreund der Firma hatten, konnte Margret ihre innere Verzweiflung nicht mehr länger verbergen.

Margret bemühte sich an diesem Abend besonders, fröhlich und aktiv zu erscheinen. Sie beteiligte sich lebhaft an der Unterhaltung, und über die lustigen Geschichten, die der Gast zum Besten gab, lachte sie so auffallend laut, dass Kurt sie ganz verwundert anschaute.

Doch auf einmal gaben ihre überreizten Nerven nach, und mitten aus einer Lachsalve heraus fing sie bitterlich an zu weinen. Den erschrockenen und besorgten Männern gegenüber entschuldigte sie sich mit einer plötzlich zum Ausbruch gekommenen Migräne. Dann zog sie sich ins Schlafzimmer zurück, wo sie sich endlich ungestört ausweinen konnte.

Als sie sich beruhigt hatte, wurde ihr klar, so konnte es nicht mehr weitergehen. Sie musste sich Gewissheit verschaffen, was mit Klaus los war; sie konnte diese Angst um ihn nicht mehr ertragen.

Am nächsten Tag ging sie mit Klaus wieder zu ihrem Kinderarzt. Doch dieser konnte ihr nach einer Untersuchung des Kindes auch keine klare Auskunft geben, und gab ihr erneut den Rat, Klaus in einer großen Klinik untersuchen zu lassen:

„Das Beste ist, Sie fahren mit Ihrem Jungen nach Hamburg in die Universitätsklinik und lassen ihn dort nach allen Seiten hin gründlich untersuchen. Wichtig ist auch eine genaue Prüfung des Gehörs. Dem Jungen fehlen beide Ohrmuscheln; das legt den Verdacht auf eine Hörschädigung nahe."

Margret ließ sich überzeugen. Weil Kurt von ihrem Vorhaben nichts erfahren sollte, wartete Margret eine Zeit, bis Kurt für drei Tage eine Geschäftsreise unternehmen musste. Sie meldete Klaus telefonisch zur Untersuchung an, stand um vier Uhr morgens auf und fuhr um sechs Uhr, das Kind auf dem Arm, mit einem Eilzug nach Hamburg und dann zur Universitätsklinik.

21. Die Klinikuntersuchungen des Kindes

Diesen Tag würde Margret ihr Leben lang nicht vergessen. Sie wurde von einer Station zur anderen geschickt, von der Orthopädie zum Röntgen, dann zur Augenklinik und zur Kinderpsychiatrie. Und auf jeder Station erwartete sie das Gleiche: Endloses Warten in überfüllten Räumen; Nervosität und Hektik in dem seelenlosen Getriebe einer unpersönlichen Massenabfertigung; riesige technische Apparate, überlastete Ärzte, die nur knappe Fragen stellten, aber keine richtigen Auskünfte gaben.

Dazu stundenlang das verängstigte, total übermüdete Kind auf dem Schoß, das mit nichts mehr spielen wollte und zuletzt nur noch pausenlos wimmerte. Nie bekam Margret zum Abschluss einer Untersuchung das Ergebnis mitgeteilt, dazu sollte vorher das Gesamtergebnis der Untersuchungen abgewartet werden.

Die Warterei in der Kinderpsychiatrie war vergebens; denn Klaus reagierte auf nichts mehr und wollte auch das interessanteste Spielzeug nicht anfassen, sodass eine Diagnose über seine geistigen Fähigkeiten nicht möglich war. „Kommen Sie in einem Jahr zur erneuten Untersuchung!", war das einzige Resultat.

Zum Schluss am Nachmittag musste Margret mit ihrem Kind in die Ohrenklinik. Klaus wurde ihr zur Hörprüfung fortgenommen; sie durfte nicht dabei sein. Mutlos saß Margret eingezwängt zwischen anderen Wartenden. Sie befürchtete, man würde sie mit der gleichen Ungewissheit wieder nach Hause schicken; niemand könnte ihr helfen. Was nutzten ihr die medizinischen Einzelheiten der Untersuchungen, wenn die Hauptfrage ungeklärt blieb, ob sich ihr Sohn geistig normal entwickeln würde und endlich sprechen lernen könnte.

Nach einer quälend langen Zeit kam eine Arzthelferin mit eiligen Schritten auf sie zu: „Sind Sie die Mutter des tauben Contergankindes? Das Kind ist fertig. Holen Sie es bitte in Zimmer 4 ab!"

Wie betäubt blieb Margret sitzen und starrte der davoneilenden Arzthelferin nach. „Das taube Contergankind?" Das musste ein Irrtum sein. So was konnte man ihr als Mutter doch nicht im Vorbeigehen an den Kopf werfen! Ein plötzlicher Hass auf die Arzthelferin durchflutete Margret. Sie wünschte, die Frau möchte noch vor ihr stehen, damit sie ihr Ohrfeigen verabreichen könnte für diese Frechheit. Die sollte doch besser aufpassen, um solche Verwechslungen zu vermeiden; denn eine Verwechslung musste es sein, sonst würde man ihr so etwas doch in einer anderen Form mitteilen.

Margret stand auf und ging wie in Trance zu Zimmer 4, eine entsetzliche Angst im Herzen. Sie nahm ihr Kind von einer Krankenschwester in Empfang und bat diese: „Bitte,

Schwester, sagen Sie mir, was hat die Hörprüfung bei meinem Sohn ergeben?"

„Ihr Hausarzt, der das Kind an uns zur Untersuchung überwies, bekommt in den nächsten Tagen einen schriftlichen Bericht zugesandt", war die Antwort, „ich darf Ihnen leider nichts mitteilen!"

„Bitte, Schwester, ich muss als Mutter doch Bescheid bekommen, was mit meinem Sohn los ist, und zwar heute, nicht erst in Tagen! Bitte sagen Sie es mir!" „Das tut mir leid, medizinische Auskünfte darf nur der behandelnde Arzt geben. Ich bin als Schwester nicht dazu befugt, verstehen Sie mich doch!" Ärgerlich verließ die Schwester den Raum.

Hilflos vor Angst blieb Margret mit ihrem Kind zurück. Der Arzt! Der Arzt musste ihr Auskunft geben! Sie ging wieder in den Warteraum zurück und blieb in der Mitte stehen, um eine der Schwestern abzufangen, die gelegentlich den Raum durcheilten.

„Schwester, könnte ich bitte den Arzt sprechen, der bei meinem Jungen die Hörprüfung durchgeführt hat!" Die Schwester schaute kurz auf ihre Uhr und auf die Leute im Wartezimmer; dann schüttelte sie den Kopf: „Das wird heute ganz unmöglich sein. Es sind noch so viele Patienten zu untersuchen, dass der Herr Doktor ohnehin wieder Überstunden machen muss."

„Aber ich muss doch wissen, ob mein Kind hören kann oder nicht. Ich kann doch so nicht nach Hause gehen!", erwiderte Margret verzweifelt. „Ja, aber dann müssen Sie ganz bis zum Schluss warten", war die Antwort, „ich werde dem Arzt Bescheid sagen. Aber ich kann Ihnen nicht versprechen, ob der Doktor dann noch Zeit hat; denn am Abend muss er noch zu einem Vortrag."

Wieder begann ein stundenlanges Warten. Margret schaute auf ihren Jungen, der jetzt zum Glück in ihren Armen eingeschlafen war, und pausenlos dröhnte es ihr in den

Ohren: „taub, taub, taub, taub." Ihr geliebter Klaus, mit verkrüppelten Armen, ohne richtige Beine, das Gesicht gelähmt, vielleicht schwachsinnig, und nun sogar noch taubstumm, das war zu viel, das durfte nicht wahr sein!

Lange schon hatte am Abend der letzte Patient den Warteraum verlassen, als endlich der Arzt hereinkam. Im Gehen warf er sich den Mantel über und blieb für einen Augenblick vor Margret stehen. „Frau Reimers? Ja, die Hörprüfung durch eine Schlafbeschallung hat leider ergeben, dass Ihr Sohn taub ist. Es tut mir leid, es Ihnen sagen zu müssen. Es scheinen noch ganz gute Hörreste vorhanden zu sein; aber das kann man in dem Alter des Kindes noch nicht mit Sicherheit feststellen. Ich weiß, das ist eine sehr bittere Wahrheit für Sie."

Mitleidig schaute der Arzt auf die junge Frau, dann zuckte er bedauernd mit den Schultern und wandte sich zum Gehen. „Kann man denn gar nichts dagegen tun?", hielt Margret ihn auf. „Leider nein, jedenfalls noch nicht in diesem Alter. Kommen Sie bitte in zwei Jahren zur Nachuntersuchung wieder, vielleicht kann man Ihnen dann Genaueres sagen. Auf Wiedersehen!"

Der Arzt hatte schon die Tür erreicht, als Margret ihn noch einmal zurückrief: „Herr Doktor, bitte noch eine Frage: Ist mein Junge schwachsinnig?" „Das ist bei tauben Kleinkindern dieses Alters sehr schwer zu beurteilen", hörte sie die Antwort, „weil die Taubheit auch einen geistigen Rückstand zur Folge hat, besonders, wenn noch körperliche Schäden hinzukommen."

Wie betäubt verließ Margret das Krankenhaus, nahm ein Taxi und fuhr mit ihrem Sohn zum Bahnhof. Erst spätabends kam sie in ihrer Wohnung an.

22. Resignation und Zustimmung zum Heim

Als Kurt am Abend danach von seiner Firmenreise wieder nach Hause kam, merkte er sofort, dass seine Frau sehr traurig war. Er sah an ihren Augen, dass sie viel geweint haben musste. Er nahm Margret in die Arme und fragte: „Liebste, was hast du, warum wirkst du so traurig?"

Margret verzichtete darauf, ihrem Mann weiterhin eine äußerliche Fröhlichkeit vorzuspielen; sie konnte es nicht mehr, und sie wollte es auch nicht mehr. Sie brauchte ihren Mann, seine Zuneigung und seinen Trost. Als sie im Wohnzimmer auf dem Sofa saßen, lehnte Margret ihren Kopf an die Schulter ihres Mannes und erzählte ihm unter Tränen, was sie in der Uniklinik erlebt hatte.

Kurt tröstete seine Frau so gut er konnte; er hatte ja vorausgesehen, dass seinem Kind nicht zu helfen war. Doch zugleich sah er seine Chance, Margret endlich zu der notwendigen Unterschrift zu bewegen, damit das Kind in das vorgesehene Pflegeheim kommen konnte:

„Liebste, du musst dich damit abfinden, dass du dein Kind nicht selbst erziehen kannst, so schwer es dir auch fällt. Die Erzieherinnen in dem vorgesehenen Pflegeheim sind auf solche Kinder eingestellt und haben Erfahrungen damit, auch ein Kind wie unseres noch zu fördern, soweit es möglich ist. Du bist mit der Erziehung eines tauben und zusätzlich noch so schwer geschädigten Kindes überfordert. Bitte sieh ein, dass es für unser Kind das Beste ist, diese optimale Pflege in dem Heim zu bekommen."

„Du hast ja Recht; aber es tut so weh, von meinem Kind für immer Abschied zu nehmen; es ist mir doch so ans Herz gewachsen!" „Aber es muss doch kein Abschied für immer sein, wenn das Kind ins Heim kommt. Das Pflegeheim, das es aufnehmen will, ist nur eine Fahrstunde von uns entfernt. Du kannst dein Kind dort so oft besuchen, wie du willst. Du hast ja deinen Führerschein, und ich wäre bereit, dir extra für diese Besuche ein Auto zu kaufen. Bitte, stimme der Einweisung des Kindes in das Pflegeheim zu! Es ist das Beste für unser Kind!"

Margret konnte nicht antworten; der Gedanke, ihr Kind zu verlieren, schnürte ihr das Herz zu. Aber sie hatte wegen der Taubheit ihres Kindes keine Argumente mehr gegen die Heimeinweisung, und so nickte sie zustimmend. Sofort holte Kurt das Aufnahmeformular für das Heim, und Margret unterschrieb in totaler Resignation.

Endlich war für Kurt dieses Problem gelöst; das Kind konnte aus dem Haus kommen, und sein Leben konnte endlich wieder einen normalen Verlauf nehmen. Er küsste seine Frau und sagte zu ihr: „Da wir nun wissen, dass du erbgesund bist, werden wir vielleicht schon in einem Jahr ein gesundes Kind bekommen; dann hast du ein neues Kind für deine Mutterliebe, und nichts wird deine Freude am Gedeihen dieses Kindes trüben, und wir werden als Familie total glücklich sein!"

„Wer weiß, wie lange wir auf das zweite Kind wieder warten müssen, wie lange ich tagsüber immer allein bleiben werde." „Wenn es nicht sofort mit einer Schwangerschaft klappt, werden wir die Hilfe einer Kinderwunschklinik in Anspruch nehmen. Außerdem kommt nach einer ersten Schwangerschaft meist schnell eine zweite, wenn man will."

Mit fortwährender Zärtlichkeit führte Kurt seine Frau ins Schlafzimmer. Als sie im Bett lagen, küsste und streichelte er Margret weiter, und dann schliefen sie miteinander, und zum ersten Mal hatte Margret kein Verhütungsmittel genommen. Und so hatte sie beim Sex das Gefühl, mit einer eventuellen neuen Schwangerschaft ihren ersten Sohn zu verraten.

Die Einweisung von Klaus in das vorgesehene Pflegeheim war mit Margrets Unterschrift nun geregelt. Aber der vorher freie Platz war inzwischen wieder besetzt, und so ergab sich erneut eine mehrwöchige Wartezeit, bis aus der Kinderabteilung des Heimes ein älteres Kind in die Erwachsenenabteilung wechseln konnte.

Der Untersuchungsbericht aus der Klinik war inzwischen beim Kinderarzt angekommen. Klaus hatte eine Taubheit mit eventuellen Hörresten. Alle anderen Untersuchungen hatten keine neuen Defekte ergeben. Das war insofern eine gute Nachricht, da eine Hörschädigung durch Contergan sehr oft mit inneren Organschäden verbunden war.

Für Margret begann eine recht traurige Zeit des langen Abschiednehmens von Klaus. Wenn ihr Sohn sie anlächelte, war es für Margret keine Freude mehr, sondern ein tiefer Schmerz, ihr Kind zu verraten und zu verlassen. Dennoch versuchte Margret, die Entwicklung von Klaus weiter zu fördern. Sie setzte ihn erhöht auf einen Stuhl und legte auf den Tisch vor ihm Bausteine und anderes Spielzeug, zeigte ihm, wie man damit spielen konnte, und sie erlebte dann immer wieder, wie ihr Sohn ihre Anregungen aufnahm und ihr Vorbild nachahmte, und in der Erkenntnis, dass Klaus doch nicht schwachsinnig sein konnte, bedauerte Margret zunehmend, ihre Unterschrift für eine Heimeinweisung gegeben zu haben.

Margret versuchte nicht mehr, ihre traurige Stimmung vor ihrem Mann durch einen gespielten Frohsinn zu verbergen; sondern sie sprach mit ihm über ihren Kummer. Kurt akzeptierte ihren langen Abschiedsschmerz, tröstete seine Frau und versuchte, sie von ihren traurigen Gedanken abzulenken. Es ging ja nur noch um einige Wochen, bis wieder ein Heimplatz frei würde, und wenn das Kind endlich aus dem Haus war, hoffte Kurt, dass Margret nach einiger Zeit wie früher fröhlich und unternehmungslustig werden könnte, auch in Hoffnung auf eine neue Schwangerschaft mit einem gesunden Kind.

23. Die Besichtigung des Pflegeheimes

Margret wollte aber auf jeden Fall das teure und so gut geführte Pflegeheim kennenlernen, und so fuhren Margret und Kurt nach einer Besuchsanmeldung zu diesem Heim. Die Heimleiterin empfing sie sehr freundlich. Sie sagte zur Begrüßung: „Klaus wird zwar das einzige taube Kind in der Gruppe sein; aber das macht keinen großen Unterschied; denn mehrere Kinder im Heim können auch nicht sprechen und kaum etwas verstehen. Klaus wird wie einige andere Kinder tagsüber in einem Rollstuhl sitzen und sich bald in die Gemeinschaft der Kinder eingewöhnen."

Das Heim sah gut und sehr gepflegt aus. Alle Räume waren gut eingerichtet und wirkten gemütlich. In den Schlafzimmern standen jeweils vier Betten, sanitäre Einrichtungen waren genug vorhanden, ein großer Tagesraum wurde von allen Kindern gemeinsam genutzt zum Essen und als Aufenthaltsraum.

Einen Personalmangel schien es in diesem Heim nicht zu geben. Außer der Heimleiterin, die eine Prüfung als Kindergärtnerin hatte, waren die anderen Frauen nur Hilfskräfte; aber sie waren alle sehr freundlich zu den Kindern. Die Kinder, die nicht allein essen konnten, wurden gefüttert, Kinder, die nicht zur Toilette gehen konnten, wurden regelmäßig gewindelt; das ganze Heim machte einen sehr guten Eindruck.

Hinter einer Terrassentür befand sich ein großer Garten mit einer freien Spielfläche dicht am Haus, auf der einige Kinder umherliefen. Als die Sonne herauskam, wurden auch die Kinder in Rollstühlen auf die Terrasse geschoben, um die frische Luft zu atmen.

„Haben Sie auch Spielzeug für die Kinder?", fragte Margret. „Ja, ganze Schränke voll", antwortete die

Heimleiterin, „leider können nur wenige Kinder richtig damit spielen. Die meisten werfen die Spielsachen immer nur im Zimmer umher."

Als Margret und Kurt nach Hause fuhren, war Kurt ganz begeistert von dem Heim: „Dort wird sich unser Klaus wohlfühlen!" Margret war da skeptischer: „Außer der Heimleiterin hat das ganze Personal keine besondere Ausbildung, um die Kinder fördern zu können." „Margret, die Kinder sind alle hochgradig schwachsinnig, die können sich nur über eine gute Pflege freuen."

„Aber Klaus ist nicht schwachsinnig, er müsste eine spezielle Förderung durch eine Kindergärtnerin haben, die Erfahrungen mit tauben Kleinkindern hat!" „Margret, ich bitt' dich, das Thema hatten wir doch schon! Nur weil Klaus ein paar Bausteine hin und her schiebt, ist das noch kein Zeichen von Intelligenz. Finde dich endlich damit ab, dass unser Kind nicht zu erziehen ist!"

Margret schwieg still, weil sie erkannte, dass eine weitere Diskussion über dieses Thema nichts brachte. Aber in ihrem Inneren wuchsen ihre Zweifel immer mehr, ob sie wirklich das Richtige getan hatte, als sie mit ihrer Unterschrift ein Ja zur Einweisung ihres Sohnes in das Heim gegeben hatte. Würde Klaus sich wirklich schnell einleben, wie die Heimleiterin gesagt hatte, würde er damit zufrieden sein, nur gut gepflegt zu werden, aber ohne irgendwelche Anregungen den ganzen Tag nur Langeweile zu haben? Margret konnte vor lauter Grübelei die ganze Nacht nicht schlafen.

24. Kontakt zur Gehörlosenberatungsstelle

In dieser Zeit des Zweifels und der Hilflosigkeit für Margret bekam sie eines Tages einen Brief von der Gehörlosenschule in Hamburg. Der Leiter der dortigen Abteilung für die Früherziehung hörgeschädigter

Kleinkinder, ein Gehörlosenlehrer namens Peter Warner, schrieb ihr, er habe ihre Anschrift von der Ohrenklinik des Universitätskrankenhauses erhalten. Wenn die Eltern es wünschten, könnte er ihnen kostenlose Beratungen in seiner Früherziehungsabteilung anbieten.

Margret hielt den Brief in Händen, und es kamen ihr die Tränen, diesmal die Tränen der Erleichterung und neuer Hoffnung. Endlich, nach fast zwei Jahren Wartezeit, wurde ihr zum ersten Mal spontan eine sachkundige Hilfe angeboten. Die Zeit, in der es nur hieß: „Kommen Sie in zwei Jahren zur erneuten Untersuchung!", war endgültig vorbei.

Wenige Tage später erhielt Margret auch noch einen Brief vom Contergan-Kinderhilfswerk. Auch von diesem Hilfswerk, das von Eltern der durch Contergan geschädigten Kinder gegründet worden war, wurden ihr eine Kontaktaufnahme und eine mögliche Hilfe angeboten.

Margret telefonierte noch am selben Tag mit dem Gehörlosenlehrer der Früherziehung und vereinbarte einen Termin in seiner Beratungsstelle an der Hamburger Gehörlosenschule. Sie informierte in froher Hoffnung auch ihren Mann. Dieser hielt das Gespräch mit dem Lehrer für überflüssig, da das Kind doch demnächst in das Pflegeheim komme: aber wenn es Margret beruhige, könne sie sich in Hamburg gerne beraten lassen.

25. Der Besuch in der Beratungsstelle

Diesen Tag, an dem Margret mit ihrem Sohn zu der Hamburger Gehörlosenschule fuhr, wird Margret auch nie im Leben vergessen können. Herr Warner empfing sie freundlich und führte sie in seine Beratungsstelle. Dort erzählte Margret ihm über die Entwicklung ihres Kindes und über ihre verzweifelten Hoffnungen auf Hilfe. Sie berichtete auch von der Schlafbeschallung ihres Sohnes vor einiger Zeit, in der dessen Taubheit festgestellt worden war.

„Die Schlafbeschallung von Kleinkindern bringt nur ein sehr ungenaues Resultat. Um den Hörschaden exakt einzugrenzen, ist Ihr Sohn noch zu klein; aber ich versuche mal eine Ablenkungs-Hörprüfung", sagte Herr Warner. Er gab Klaus, der auf dem Schoß seiner Mutter saß, einige kleine Spielsachen auf den Tisch, die dieser mit großer Neugier in Empfang nahm. Dann stellte sich der Lehrer hinter das Kind und machte mit verschiedenen Geräten unterschiedlich laute Geräusche.

Fast jedes Mal drehte sich Klaus um, um zu sehen, was hinter seinem Rücken geschah. Herr Warner war sehr zufrieden mit seinen Reaktionen. Er erklärte: „Der Schlag auf das große Tamburin wird von allen Kindern wahrgenommen, da die tiefen Töne als Vibrationen auch von volltauben Kindern gefühlt werden. Es dient nur als Kontrolle, ob sich ein Kind überhaupt umdrehen will. Aber Klaus hat sich auch bei anderen Geräuschen umgedreht, sofern sie laut genug waren. Sogar die Trillerpfeife hat er gehört, was für taube Kinder erstaunlich ist, da bei ihnen die hohen Tonfrequenzen meist gar nicht wahrgenommen werden können."

„Ihr Klaus hat ein recht gutes Restgehör", fuhr der Lehrer fort, „er braucht dringend gut angepasste Hörgeräte. Die neuen Hörgeräte sind inzwischen so gut, dass Klaus damit wahrscheinlich zu einem stark schwerhörigen Kind werden wird. Sie müssen sich baldmöglichst Hörgeräte verschreiben lassen.

Aber nicht jeder Ohrenarzt ist mit gehörlosen Kleinkindern vertraut. Deshalb gebe ich Ihnen die Anschrift eines Ohrenarztes in Hamburg, der schon oft resthörigen Kleinkindern die richtigen Hörgeräte verschrieben hat. Und es sollten auf jeden Fall zwei Hörgeräte sein, damit Ihr Sohn beidohrig stereophon zu hören lernt.

Sie haben es richtig vernommen: Ihr Sohn muss mit den Hörgeräten erst einmal richtig hören lernen, bevor er Sprache verstehen kann. Sie müssen dabei viel Geduld haben und viel mit dem Jungen üben."

„Mein Sohn wirkt auf andere oft schwachsinnig. Wird er überhaupt in der Lage sein, etwas zu lernen?", fragte Margret ängstlich. „Doch, das glaube ich bestimmt. So wie er mit dem neuen Spielzeug interessiert spielt, scheint er eine normale Intelligenz zu haben. Leider ist Ihr Sohn für eine genaue Intelligenzprüfung noch zu jung. Aber einen groben Test können wir mal machen."

Herr Warner nahm drei Bauklötze und baute damit einen kleinen Turm. Dann ermunterte er Klaus mit Gebärden, es auch zu tun, und Klaus baute den kleinen Turm nach. Dann baute der Lehrer mit den drei Bausteinen einen kleinen Tunnel mit einer Lücke zwischen den beiden unteren Bausteinen. Klaus baute auch diesen Tunnel nach, vergaß aber die Lücke.

„Den ersten Test hat Klaus bestanden. Er entspricht einem ungefähren Intelligenzalter von ca. zweieinhalb Jahren. Den zweiten Test hat er fast richtig geschafft; das entspräche einem Intelligenzalter von ca. drei Jahren. Ihr Sohn ist mit seinen knapp zwei Jahren also eindeutig fähig zur Sprachförderung."

„Diese Sprachförderung betrifft zunächst noch nicht das eigene Sprechen", fuhr der Lehrer fort, „sondern als Voraussetzung dafür zuerst das Sprachverständnis. Dazu müssten Sie regelmäßig alle zwei bis drei Wochen zu mir in die Beratungsstelle kommen. Ich würde Ihnen im Spiel mit Ihrem Sohn die richtigen Arbeitsschritte zeigen und das nötige Material dazu mitgeben. Ihre Aufgabe wäre es dann, in den folgenden Wochen diese Übungen zu wiederholen, bis das Kind sie sicher kann. Dann kommen Sie zu mir und erhalten die nächsten Schritte praktisch dargestellt für die weitere Arbeit."

„Haben Sie die Zeit dazu, oder haben Sie noch weitere Kinder zu versorgen, oder sind Sie berufstätig?" „Nein, Klaus ist mein einziges Kind, und ich bin den ganzen Tag zu Hause. Aber Klaus soll in Kürze in ein Pflegeheim eingewiesen werden!" „Das ist gar nicht gut. Das Personal in solchen Heimen hat für eine planmäßige Förderung tauber Kinder oft nicht genug Zeit und meist auch nicht genug Kenntnisse. Versuchen Sie lieber, das Kind im Elternhaus zu lassen."

„Kann mein Kind später einmal laufen lernen, oder muss es sein ganzes Leben im Rollstuhl verbringen?" „Dazu müssten Sie sich an eine orthopädische Klinik wenden, am besten in Heidelberg; die Spezialisten dort haben mit Operationen an Contergankindern die besten Erfahrungen gemacht. Meines Erachtens sollten zuerst die Füße operativ von innen nach unten gedreht werden. Dann könnte Ihr Sohn auf seinen Oberschenkelstümpfen schon etwas Gehen lernen. Später müsste er entsprechende Prothesen erhalten."

„Vielen Dank, Herr Warner, Sie haben mir wieder Hoffnung gegeben. Ich werde auf jeden Fall Ihre Beratungstermine einhalten." „Noch eine Frage zum Schluss: Ihr Sohn hat eine Gesichtslähmung. Was geben Sie ihm zu essen?" „Nun, ausschließlich pürierte Speisen, er kann ja nicht kauen."

„Ihr Sohn kann aber lächeln. Das ist ein Zeichen, dass seine Gesichtslähmung nicht vollständig ist. Bei einer vollständigen Lähmung der Nerven und Muskeln, einer Paralyse, kann man nicht viel ändern. Aber bei einer teilweisen Lähmung, einer Parese, sind noch Bewegungsreste vorhanden. Wenn diese intensiv trainiert werden, geht die Lähmung allmählich zurück. Das wäre die Voraussetzung für ein späteres Sprechen lernen."

„Aber wie kann ich diese Bewegungen trainieren?" „Durch Kauübungen beim Essen. Ihr Sohn kann lächeln, dabei schließt er seinen Mund zur Hälfte und zieht wenigstens auf einer Seite seine Wange nach oben. Das ist schon das halbe Kauen.

Sie warten, bis Ihr Sohn großen Hunger hat. Dann geben Sie ihm ein Stück Banane in den Mund. Sie selbst beißen von einer anderen Banane ab, kauen das Stück und schlucken es. Dann zeigen Sie Ihrem Kind Ihren leeren Mund und fordern Ihr Kind durch Kaubewegungen zum Nachahmen auf. Sie geben ihm aber erst dann das nächste Stück Banane, wenn Ihr Sohn gezeigt hat, dass sein Mund leer ist.

Wenn er das Kauen einer Banane gelernt hat, geben Sie ihm ein Stück weiche Birne oder ein Stück Clementine. Ganz allmählich pürieren sie die Nahrung nur noch grob, und irgendwann kann Ihr Sohn richtig kauen und danach auch richtig Sprechen lernen. Das lernt er dann im Gehörlosenkindergarten und später in der Gehörlosenschule oder in der Schule für Schwerhörige, je nachdem, wie er mit seinen Hörgeräten zurechtkommt "

26. Kurt glaubt nicht an Lernmöglichkeiten

Mit Tränen der Freude in den Augen verabschiedete sich Margret von dem Gehörlosenlehrer und fuhr mit ihrem Sohn wieder nach Hause. Voller Freude berichtete sie Ihrem Mann von den positiven Ergebnissen der Voruntersuchung. Aber Kurt blieb skeptisch: „Liebling, der Mann will Geld verdienen. Er macht dir Hoffnungen, damit du möglichst oft zu ihm zur Beratung fährst und er dich danach abkassieren kann." „Aber der Gehörlosenlehrer bekommt sein Gehalt von der Hamburger Schulbehörde; er verlangt gar kein Geld von mir!", entgegnete Margret.

„Wart´s ab", konterte Kurt, „die Abrechnung käme später. Mach dir keine vergeblichen Hoffnungen auf ein Behandlungswunder. Was der Lehrer dir versprochen hat, mit Laufen lernen, Hören lernen und gar Sprechen lernen, und mit einem späteren Schulbesuch, das sind doch fantastische Visionen, die keiner glauben kann. Erkenne doch, dass das falsche Versprechungen sind. Klaus ist am besten im dem von uns besuchten Pflegeheim untergebracht, und das wird in Kürze als Realität verwirklicht!"

Margret gab es auf, ihren Mann zu überzeugen. Dafür hätte er mit zur Gehörlosenschule kommen müssen. Aber sie war jetzt fest entschlossen, die Einweisung ihres Sohnes in das Pflegeheim zu verhindern, egal, ob mit ihrer Unterschrift oder ohne sie.

27. Vorbereitungen zur Flucht nach Hamburg

Notfalls musste Margret ihren Mann vorübergehend allein lassen und mit ihrem Sohn nach Hamburg ziehen. Das war schon ohnehin deswegen notwendig, weil ihr Wohnort für eine regelmäßige Beratung viel zu weit von Hamburg entfernt war. Kurt musste dies akzeptieren, wenn nicht heute, so denn später.

Heimlich bereitete Margret ihren Auszug vor. Sie holte das Geld von der Sparkasse, das sie schon vor ihrer Ehe gespart hatte. Sie suchte alle Papiere zusammen, die sie für die Krankenkasse und für andere Zwecke benötigen könnte. Sie packte heimlich Wäsche und die notwendigsten Gebrauchsgegenstände in einen Koffer. Im Notfall konnte sie Klaus in der Kinderkarre sitzend befördern und hinten auf die Karre den Koffer stellen.

Sie schrieb vorsorglich einen langen Brief an Klaus: „Liebster, bitte sei mir nicht allzu sehr böse! Ich muss vorübergehend nach Hamburg ziehen, weil nur dort unserem Klaus geholfen werden kann. Ich liebe Dich immer noch von ganzem Herzen; ich werde Dich nie auf Dauer verlassen! Aber ich muss dich für einige Zeit allein lassen für die Zukunft unseres Sohnes, der meiner Meinung nach alles das lernen kann, was der Gehörlosenlehrer mir versprochen hat. Eines Tages wirst auch Du davon überzeugt sein!

Ich werde Dir meine Anschrift zukommen lassen, sobald ich eine Unterkunft gefunden habe. Wenn Du mir meinen Schritt verzeihen kannst und Dich mit der Förderung von Klaus in Hamburg einverstanden erklärst, werde ich Dich so bald wie möglich mit Klaus besuchen, und Du wirst sehen, wie er allmählich immer weitere Fortschritte machen wird. Bitte verzeih mir meinen Entschluss und behalte mich lieb, wie ich auch Dich immer lieben werde! Margret."

Der Termin zur Aufnahme von Klaus in das Pflegeheim kam noch früher, als von Margret befürchtet. Am kommenden Montag sollten sie ihr Kind in dem Pflegeheim abgeben. Der Aufenthalt war wieder für ein Vierteljahr von Kurts Vater bezahlt worden.

Am letzten Abend vor ihrer Flucht mit Klaus nach Hamburg war Margret besonders lieb zu ihrem Mann. Sie schmuste mit ihm, sagte, wie sehr sie ihn liebe, und am späten Abend schliefen sie miteinander, und Margret gab sich Mühe, ihrem Mann dabei all ihre Liebe und Leidenschaft zu zeigen.

Margret wollte auf jeden Fall vermeiden, dass Kurt denken solle, sie wolle ihn verlassen, weil ihre Liebe erkaltet sei. Natürlich war auch etwas schlechtes Gewissen dabei, dass sie ihren Mann verließ, ohne ihm vorher Bescheid zu sagen. Aber Margret befürchtete mit Recht, Kurt würde in dem Fall mit aller Gewalt und mit der Unterstützung seiner Familie verhindern, dass Margret mit ihrem Sohn für längere Zeit nach Hamburg fuhr.

28. Die Flucht und erster Unterricht

Nachdem Kurt am nächsten Morgen zur Arbeit in die Fabrik gefahren war, legte Margret ihren Brief auf den Wohnzimmertisch und bestellte ein Taxi. Mit Kinderkarre, einem Koffer und mit den Papieren und ihrem Spargeld in der Handtasche fuhr sie mit ihrem Sohn nach Hamburg und ging zunächst zu einem billigen Hotel, wo sie ein Zimmer für sich und Klaus gebucht hatte.

Margret bat telefonisch um einen Sondertermin in der Beratungsstelle von Herrn Warner. Dort bekam sie die erste Lektion für die kommende Früherziehung ihres Sohnes.

Herr Warner hatte Bilder von einer neuen Bildserie speziell für die Früherziehung hörgeschädigter Kinder. Diese umfangreiche Bildserie mit Darstellungen der wichtigsten Gegenstände, Tätigkeiten und Eigenschaften war vor kurzem von einem Gehörlosenlehrer entwickelt und vom Contergan-Kinderhilfswerk gedruckt und finanziert worden. Alle Eltern hörgeschädigter Kinder konnten sie kostenlos erhalten.

Herr Warner demonstrierte in seiner Arbeit mit Klaus, wie Margret künftig zunächst das Sprachverständnis ihres Sohnes fördern konnte. In einer kleinen Auswahl von Bildern hielt er jeweils ein Bild neben seinem Mund und sprach das Wort deutlich aus. Neben dem Bild zeigte er später auch das gedruckte Wort. Klaus sollte noch nicht lesen lernen, aber er sollte das gedruckte Wort nebenbei auswendig lernen; denn das vom Mund abgelesene Wort war für ein taubes Kind ungenau und flüchtig, im Gegensatz zu dem Schriftbild, das klar und auf Dauer beständig war.

Als Margret erzählte, dass sie vorerst im Hotel wohnen müsse, bis sie eine Unterkunft auf Dauer gefunden hätte, sprach Herr Warner von einem Bekannten, einem älteren Mann, dessen Frau vor kurzem gestorben war, nachdem seine Kinder schon lange aus dem Haus waren. Er wäre bereit, einen Untermieter aufzunehmen.

Mit der neuen Bildserie in der Hand verließ Margret dankend den Lehrer und machte sich mit Klaus zu der Wohnung des empfohlenen Witwers auf. Dort wurde sie freundlich empfangen. Ein preiswertes, großes möbliertes Zimmer war für sie und Klaus frei, einschließlich Küchen- und Badbenutzung. Froh packte Margret ihren Koffer aus, während Klaus auf dem Boden krabbelnd das Zimmer untersuchte.

29. Erfolgreiche Anpassung von Hörgeräten

Anschließend vereinbarte Margret einen Termin mit dem von Herrn Warner empfohlenen Ohrenarzt wegen der Hörgeräte für Klaus. Dieser Ohrenarzt empfing sie einen Tag später außerhalb seiner Sprechstunden, um genügend Zeit für die Untersuchung von Klaus´ Gehör zu haben.

Nach einer Prüfung des Hörvermögens von Klaus durch die Ablenkungsaudiometrie erklärte er Arzt: „Der Junge hat noch sehr gute Hörreste auf beiden Ohren. Er braucht zwei starke, moderne Hörgeräte, damit er stereophon hören kann. Mit diesen Hörgeräten wird Ihr Sohn nur noch schwerhörig sein, und da er mir sehr aufgeweckt und interessiert erscheint, glaube ich, dass er gute Fortschritte machen wird. Nach Besserung seiner Gesichtslähmung wird er auch Sprechen lernen können."

Mit der Verschreibung der Hörgeräte verließ Margret mit Klaus froh den Ohrenarzt und meldete sich bei einem audiologischen Zentrum an. Dort bekam Klaus kurze Zeit später die zwei verschriebenen Hörgeräte angepasst. Da ihm die Ohrmuscheln fehlten, wurden die beiden Hörgeräte durch einen Kopfbügel an den Ohreingängen fixiert. Die Kosten dafür würden von der Krankenkasse übernommen, erfuhr Margret, nachdem sie die nötigen Versicherungspapiere vorgelegt hatte.

Klaus reagierte mit seinen zwei Jahren sehr spontan auf die neuen Hörgeräte. Er merkte sofort, dass für ihn ein neues, interessanteres Leben begann. Bei der Einstellung der optimalen Lautstärke konnte Klaus sogar schon mithelfen. Wenn es zu laut wurde, hielt er sich die Hände an die Ohren; wenn es zu leise war, machte er mit Kopfschütteln und Gebärden deutlich, dass er zu wenig hörte.

30. Intensives Üben mit Klaus

Nun begann Margret ein intensives Üben mit Klaus. Sie hielt die Bilder von wichtigen Gegenständen neben ihrem Mund und sprach die Wörter laut und deutlich aus. Nach einigen Tagen kontrollierte Margret das Wortverständnis ihres Sohnes. Sie hatte eine Anzahl kleiner Plättchen gekauft, die sie neben den bereits geübten Bildern auf den Tisch legte. Nun sprach sie ohne das Bild neben ihrem Mund die Wörter laut und deutlich aus, und Klaus musste jeweils eins dieser Plättchen auf das richtige Bild legen. Zu ihrer Freude machte Klaus nach kurzem Üben fast keine Fehler mehr dabei.

Ein normales hörgeschädigtes Kleinkind hätte nach einigen Minuten dieser Arbeit eine Unterbrechung gebraucht, um frei umherzulaufen und seinem Bewegungsdrang zu folgen. Aber Klaus konnte dies nicht, von etwas mühsamen Krabbeln abgesehen, und er hatte oft Langeweile, wenn sich keiner mit ihm beschäftigte. So war er immer interessiert, wenn Margret mit ihm übte, und zeigte bald gute Fortschritte im Sprachverständnis.

Dies betraf nicht nur das Erkennen der richtigen Bilder nach dem Vorsprechen, sondern noch viel mehr das Verstehen der Sprache im Tagesverlauf. Wenn Margret seinen Namen rief, wandte Klaus seinen Kopf zu ihr und verstand bald ganz genau, dass es etwas zu essen gab, oder dass sie das Haus verlassen würden, oder dass es für ihn Schlafenszeit war.

31. Vergebliche Kontaktaufnahme zu Kurt

Nach einigen Tagen wollte Margret ihrem Mann über die Fortschritte im Sprachverständnis von Klaus berichten und ihren Mann um Verzeihung und Verständnis für ihr Handeln bitten. Sie rief ihn an und begann zu erzählen. Aber Kurt unterbrach sie mit harter Stimme und sagte nur kurz: „Komm mit Klaus auf Dauer zu mir zurück; dann haben wir Zeit, über alles zu sprechen!". Danach legte er auf. Sie versuchte einen zweiten Anruf, aber Kurt sagte wieder nur: „Komm zurück, dann sprechen wir!", und legte wieder auf.

Diese Auskunft war hart für Margret. Da Kurt sie nicht hören wollte, schrieb sie ihm einen langen Brief in der Hoffnung, dass er ihn lesen und sie dann verstehen könnte. Aber Kurt reagierte nicht. Es kam keine Mitteilung von ihm. Er musste sehr wütend über die Flucht seiner Frau sein.

32. Das erste Sprechen des Kindes

Margret lenkte sich von ihrem Kummer ab, indem sie weiter intensiv mit Klaus arbeitete. Nach den Anweisungen aus der Beratungsstelle versuchte sie nun auch, die teilweise Gesichtslähmung ihres Sohnes zu verringern. Klaus lernte inzwischen das Kauen. Die Kaubewegungen erfolgten zwar sehr langsam und mühsam; aber wenn Klaus Hunger hatte, musste er die Nahrung annehmen, die Margret ihm anbot, und er bekam erst den nächsten Bissen, wenn er gezeigt hatte, dass sein Mund leer war. So dauerte eine Mahlzeit oft länger als eine Stunde; aber seine Gesichtslähmung wurde immer geringer. Mit etwas Mühe konnte Klaus sogar schon seinen Mund schließen.

Nun übte Margret das Lallen mit ihrem Sohn. Sie machte ihm, dicht vor ihm sitzend, das Lallen vor:

„Mamamamam, papapapam, lolololo, didididi", und Klaus, der sie mit den Hörgeräten endlich hören konnte, machte das Lallen nach, und es machte ihm sichtbar Spaß.

Und eines Tages kam die große Überraschung. Klaus konnte inzwischen viele Wörter verstehen und kannte natürlich auch das Wort Mama. Eines Tages wollte Klaus etwas von seiner Mutter, und zum ersten Mal sagte er spontan: „Mama!"

Margret lief auf ihren Sohn zu, nahm ihn stürmisch in den Arm, küsste und streichelte ihn und sagte unter Tränen: „Du lernst Sprechen, du kannst mich mit Mama rufen! Mein lieber Klaus, du wirst richtig Sprechen lernen, und ich habe dich so lieb!"

Dieser Sprecherfolg motivierte Klaus nun öfter, „Mama!" zu rufen, wenn sie nicht im Zimmer war, und Margret lief dann immer zu ihm und schmuste mit ihm; denn Klaus sollte erkennen, welchen Vorteil für ihn das Sprechen bedeutete. Und allmählich fing Klaus an, beim täglichen Üben auch andere Wörter zu sprechen, zwar noch fehlerhaft, aber die richtige Artikulation würde der Lehrer in der Beratungsstelle schon hinbekommen.

33. Ein Briefwechsel mit Kurt

In übergroßer Freude schrieb Margret einen Brief an Kurt: „Lieber Kurt! Vor ein paar Tagen hat mir Klaus eine riesengroße Freude bereitet. Er hat mich zum ersten Mal mit „Mama" gerufen. Ich war zu Tränen gerührt. Er fängt jetzt an, auch andere Wörter zu sprechen, wenn auch noch fehlerhaft. Er sagte „Apo" für Auto und „audeh" für aufstehen; aber das wird sich alles noch verbessern.

Lieber Kurt, ich habe Sehnsucht nach Dir. Ich möchte Dich wieder in die Arme nehmen, Dir nachts all meine Liebe schenken. Ich muss noch längere Zeit in Hamburg bleiben.

75

Klaus soll in der orthopädischen Klinik des Uni-Krankenhauses operiert werden, damit seine Füße von innen nach unten gerichtet werden, sodass er eines Tages Laufen lernen kann. Bitte habe Verständnis für mich!

Ich würde Dich mit Klaus gerne einmal für ein Wochenende besuchen, wenn Du mir versprichst, dass Klaus nicht mehr ins Pflegeheim kommen soll, und dass ich auch weiterhin in Hamburg für Klaus sorgen kann. Bitte stimme meinen Plänen zu! Auf Wiedersehen am Wochenende! In Liebe, Margret."

Diesmal erhielt Margret einige Tage später tatsächlich eine schriftliche Antwort von Kurt. Mit zittrigen Händen öffnete Margret hoffnungsfroh den Brief. Doch ihre Enttäuschung war groß, als sie lesen musste:

„Margret, ich glaube Dir kein Wort von Deinen Lügen und märchenhaften Verheißungen von Sprechen lernen und später Laufen lernen. Ich weiß nicht, was diese Lügen sollen. Willst Du etwa so lange in Hamburg bleiben, weil Du einen anderen Mann kennengelernt hast? Wenn Du unsere Ehe noch retten willst, dann komm umgehend nach Hause. Klaus kommt in das Pflegeheim, und wenn wir Zeit füreinander haben, kann vielleicht trotz Deines Verrates und Verlassens noch unsere Ehe gerettet werden. Viel Zeit bleibt Dir dafür nicht! Kurt."

34. Die Operation an den Füßen

Viele nächtliche Tränen musste Margret darüber vergießen. Aber sie ließ sich nicht beirren. Der Zeitpunkt für die Fußoperation rückte näher. Margret erklärte Klaus, dass seine Füße nach unten kommen würden, und dann könnte er auf seinen kurzen Beinen sogar Laufen lernen.

Klaus verstand seine Mutter und freute sich auf seine neuen Füße und auf sein Laufen lernen. Er war inzwischen zweieinhalb Jahre alt geworden. Dank seiner Hörgeräte konnte er immer mehr Sprache verstehen und auch selbst sprechen lernen. Durch sein Schicksal und durch die enge Bindung zu seiner Mutter war Klaus viel reifen geworden, als seinem Alter entsprach. Vor allem hatte er in langen Wartezeiten Geduld gelernt, was für ein Kleinkind eine seltene Tugend ist.

Es war eine komplizierte, stundenlange Operation, in der die Füße von Klaus nach unten gedreht werden konnten. Und nach der Operation brauchte Klaus noch wochenlang Geduld, bis seine Wunden verheilt waren. Doch seine Mutter war tagsüber immer bei ihm.

Nach der Wundheilung begann das Lauftraining mit der Physiotherapeutin. Klaus musste in einem Laufgerät auf Rädern erst einmal lernen, das Gleichgewicht zu finden. Aber Klaus hatte einen festen Willen, endlich auf eigenen Füßen zu stehen, und so war seine Therapeutin sehr zufrieden mit ihm. Nach einigen Wochen konnte Klaus wieder zu seiner Mutter nach Hause.

Nun konnte Klaus zwar laufen, aber auf seinen kurzen Beinstümpfen war es mehr ein Watscheln wie bei einer Ente. Seine Beinstümpfe konnten ja nicht verlängert werden. Aber wenn Klaus später mit seinen kurzen Beinen richtig laufen konnte und keine Gleichgewichtsprobleme mehr hatte, dann sollte er eines Tages moderne Prothcscn angepasst bekommen. Das wusste Klaus; aber das war ihm zurzeit nicht so wichtig. Er freute sich, auf seinen kurzen Beinen umherlaufen zu können.

Klaus hatte schon seit längerem Bescheid gesagt, wenn er zur Toilette musste; er brauchte keine Windeln mehr. Aber Margret musste ihn bisher immer zur Toilette tragen und zurück. Doch nun schaffte es Klaus allein, auf die für ihn so hohe Toilette zu klettern und alles selbst zu regeln. Nur nach einem großen Geschäft musste ihm seine Mutter noch den Po abwischen, das schaffte er mit seinen kurzen Ärmchen noch nicht.

35. *Geldprobleme*

Mit der Zeit bekam Margret Probleme mit dem Geld. Ihr Sparguthaben war aufgebraucht, und sie wusste nicht, wie sie in Zukunft die Miete für ihr Zimmer und ihren Lebensunterhalt bezahlen sollte. Ihr Vermieter war zwar sehr geduldig und sagte, das hätte noch Zeit; aber Margret wusste, dass es so nicht weiterging.

Sie ging zur Sozialbehörde und beantragte Unterstützung. Der Sachbearbeiter dort fragte sie: „Sie sind doch verheiratet. Ihr Mann muss doch Ihren Lebensunterhalt bezahlen, oder ist er arbeitslos?" „Nein, er hat genug Geld; aber ich habe keinen Kontakt zu ihm; er reagiert nicht auf Anrufe oder Briefe."

Margret erzählte dem Sachbearbeiter, warum sie ihren Mann vorübergehend verlassen hatte. Dieser antwortete: „Ihr Mann muss auf jeden Fall Ihren Unterhalt bezahlen. Aber zum weiteren Absichern Ihrer Ansprüche bringen Sie bitte ärztliche und therapeutische Unterlagen mit, die bestätigen, dass Sie wegen der Förderung Ihres Kindes in Hamburg leben."

Bei ihrem nächsten Besuch brachte Margret die benötigten Papiere mit. Ihr Sachbearbeiter sagte: „Sie bekommen jetzt als Übergang Sozialhilfe, bis Ihr Mann den Unterhalt zahlt. Das wird schnell gehen, da wir uns drum kümmern werden."

Margrets Mann reagierte zuerst störrisch: „Ich brauche nichts zu bezahlen; denn meine Frau kann jederzeit zu mir zurückkehren, wenn ihr Geld alle ist. Dann werde ich sie weiter versorgen." Doch diese Auffassung half ihm nichts, und da änderte auch die Hinzuziehung eines Anwalts nichts. Sein Sohn musste weiterhin in Hamburg gefördert werden, und so musste Kurt seiner Frau monatlich eine feste Summe überweisen, die für den Lebensunterhalt für sie und ihr Kind ausreichte.

36. *Erfolgreiche Arbeit mit Klaus*

Margret besuchte mit Klaus weiterhin die Beratungsstelle für hörgeschädigte Kinder in regelmäßigen Abständen. Der Lehrer Herr Warner kümmerte sich nun hauptsächlich um die ständige Erweiterung des Wortschatzes und der genauen Artikulation der Wörter durch Klaus. Er zeigte Margret, auf welche Art sie seine Aussprache bei Fehlern korrigieren sollte, und er lieh ihr Kinderbücher zum Vorlesen und zum Besprechen aller Einzelheiten, die neu für den Jungen waren.

Als ein taubes Kind wäre Klaus mit seinen inzwischen knapp drei Jahren noch zu jung für Artikulationsübungen gewesen; aber durch seine Hörgeräte gehörte er nun zu den schwerhörigen Kindern, bei denen diese schwierige Arbeit früher möglich ist. Und Klaus wollte gut sprechen lernen; er wusste, was er seiner Mutter und dem Lehrer zu verdanken hatte; er war ja reifer als seine Altersgenossen, und außer seiner Mutter und seinem Lehrer hatte er keine anderen Kontaktpersonen zur Zeit. Doch das sollte sich baldmöglichst in einem Kindergarten ändern.

37. *Die Anpassung von Prothesen*

Inzwischen war die Zeit gekommen, in der Klaus Prothesen erhalten sollte. In der orthopädischen Klinik bekam er die modernsten Prothesen, die es zu der Zeit gab. Mit denen konnte er nach einer Übungszeit problemlos gehen und sogar Treppen steigen. Allerdings brauchte er wieder eine mehrwöchige Therapie, um sich an das Gehen mit Prothesen zu gewöhnen und die Prothesen überhaupt erst zu akzeptieren.

Bisher war Klaus mit seinen kurzen Beinen nur in der Wohnung umhergelaufen. Wenn seine Mutter mit ihm unterwegs war, fuhr sie ihn in einer Kinderkarre. Sein Watscheln mit den kurzen Beinen wäre viel zu langsam gewesen, und er hätte nur unnötig Aufsehen erregt.

Doch das änderte sich nun. Die Kinderkarre blieb im Haus, und an der Hand seiner Mutter ging Klaus, zuerst unbeholfen, mit der Zeit aber immer sicherer, auf seinen neuen künstlichen Beinen umher, die unter langen Hosenbeinen unsichtbar blieben. Klaus war auch stolz darauf, nun genauso groß wie andere Kinder zu sein, und die Kinderkarre zu benutzen, war für ihn nun eine Babysache.

Aber Klaus hatte seine neuen Beine noch nicht voll akzeptiert. Zu Hause legte er sie ab und watschelte lieber auf seinen eigenen Beinstümpfen umher. Die Prothesen gehörten noch nicht voll zu seinem Körper. Margret setzte ihn nicht unter Druck, die Prothesen immer zu tragen; aber sie nannte ihn mit Prothesen „mein großer Junge" und ohne Prothesen „mein kleiner Zwerg". Die letztere Bezeichnung ärgerte Klaus; aber seine Proteste halfen nichts.

Außerdem machte Margret lange Spaziergänge mit Klaus, vor allem zu Zielen, die ihm Spaß machten, zum Beispiel zum Eis essen bei gutem Wetter oder zu einem Spielplatz, wo er schnell das eigene Schaukeln lernte. So wurden ihm seine Prothesen vertraut, und eines Tages behielt er sie auch zu Hause an. Er wollte kein kleiner Zwerg mehr sein.

38. Die Ohroperation

Inzwischen war Klaus drei Jahre alt geworden. Bei einem erneuten Besuch in der Ohrenklinik des Uni-Krankenhauses war es jetzt möglich, ein genaues Audiogramm seines

Hörvermögens zu erstellen, das heißt, eine genaue Hörkurve, die sein Hörvermögen in allen Tiefen und Höhen anzeigte. In der Spielaudiometrie ließ Klaus nach Anweisung immer dann ein kleines Steinchen in einen Becher fallen, wenn er einen Ton hören konnte.

Es war schon vorher bekannt, dass beide Mittelohren von Klaus mit den kleinen Hörknöchelchen nicht ausgebildet waren. Außerdem nahm man an, dass das Innenohr beidseitig nur schwach funktionsfähig war, genug für ein Restgehör, das dann durch leistungsfähige beidseitige Hörgeräte verstärkt zur Schwerhörigkeit verbessert wurde.

Aber an seiner Hörkurve konnten die Ohrenärzte jetzt erkennen, dass beidseitig das Innenohr von Klaus einen Schaden hatte, der eventuell durch eine Operation korrigiert werden könnte. Weitere Untersuchungen seiner Ohren ergaben, dass die Schädigung seines Innenohres zu reparieren war. In einer langwierigen Operation unter einem Mikroskop wurde die Funktion des Innenohres beidseitig fast völlig wieder hergestellt.

So blieb nur noch eine mittlere Schwerhörigkeit durch das Fehlen des beidseitigen Mittelohres nach, die durch zwei leichtere Hörgeräte fast voll ausgeglichen werden konnte. Da Klaus keine Ohrmuscheln hatte, bekam er wieder spezielle Hörgeräte, die durch einen Kopfhörerbügel an die Schädelknochen gedrückt wurden, so dass über eine Knochenleitung der fehlende Mittelohrbereich überbrückt wurde. So konnte Klaus den Schall über das Innenohr wahrnehmen

Nun wo Klaus fast normal hören konnte, lernte er in kurzer Zeit fließend sprechen mit einem Wortschatz, der durch die Übungen mit seiner Mutter sogar besser war als bei voll hörenden gleichaltrigen Kindern.

39. Die Intelligenzprüfung

Eine Therapie in der Beratungsstelle für hörgeschädigte Kleinkinder war nun nicht mehr notwendig. Herr Warner machte abschließend bei Klaus einen Intelligenztest. Dabei schaffte Klaus bei einem Alter von dreieinhalb Jahren Leistungen, die einem Intelligenzalter von viereinhalb Jahren entsprachen. Ein Intelligenzquotient konnte bei dem geringen Alter noch nicht genau ermittelt werden, doch Herr Warner schätze ihn auf über 130 bei einem Mittelwert von 100 für eine normale Intelligenz.

Das war verblüffend. Aber Herr Warner erklärte, dass die Intelligenz bis zum Auswachsen des Gehirns mit ca. acht Jahren durch intensive Förderung gesteigert werden kann, wie es bei Klaus durch seine Mutter geschehen war. Das ist ja auch der Grund, weshalb ebenfalls für die Kleinkindzeit eines gesunden Kindes eine intensive Förderung für seine Intelligenzentwicklung besonders wichtig ist.

40. Kurts Scheidungsklage

Nun war nach über eineinhalb Jahren keine Notwendigkeit für eine spezielle Behandlung in Hamburg mehr gegeben. Einer Rückkehr in die Heimat stand eigentlich nichts mehr im Wege. Aber inzwischen hatte Margrets Ehemann eine Scheidungsklage wegen böswilligen Verlassens eingereicht.

Eigentlich liebte Kurt seine Frau immer noch, obwohl diese ihn heimlich verlassen hatte und er ihr dafür sehr böse war. Aber seine Eltern drängten schon seit langem auf eine Scheidung, und sie vermuteten, dass Margret ihren Ehemann wegen einer Liebschaft in Hamburg verlassen hätte. Diesem Druck konnte Kurt nicht länger widerstehen, und so hatte er durch einen Anwalt eine Scheidungsklage einreichen lassen.

Nun musste sich auch Margret eine Anwältin suchen. Nach einem Anfangsgespräch meinte diese: „Ich werde um einen Eheausgleich und eine hohe monatliche Unterhaltszahlung für Sie und Ihr Kind kämpfen; denn die richtet sich nach den Vermögensverhältnissen Ihres Mannes. Außerdem muss Ihr Mann ihnen das Spargeld zurückerstatten, weil er auch für das erste Jahr Ihrer Trennung zu Unterhaltszahlungen verpflichtet war."

Bei dem Scheidungstermin sah Margret ihren Mann seit fast zwei Jahren zum ersten Mal wieder. Sie hätte ihn am liebsten in den Arm genommen, weil sie ihn noch immer aus ganzem Herzen liebte. Aber Kurt schaute sie nicht an. Er wirkte verhärmt und unglücklich.

Auf den Vorwurf des böswilligen Verlassens ihres Ehemannes berichtete Margret von der notwendigen Behandlung ihres Sohnes in Hamburg und reichte dem Familienrichter die notwendigen Beweise dafür. Auf den Vorwurf, eine Liebschaft in Hamburg zu haben, entgegnete sie: „ Ich kann unter Eid versichern, dass ich keine unerlaubte Beziehung zu einem anderen Mann hatte. Ich hätte dafür auch gar keine Gelegenheit gehabt, da ich stets mit meinem Sohn beschäftigt war. Doch nun möchte ich auch von meinem Mann wissen, ob er mit einer anderen Frau verbunden ist!"

Kurt antwortete: „Als du ein Jahr nach deinem heimlichen Verschwinden immer noch nicht zurückgekehrt warst, habe ich einen Kontakt zu einer neuen Frau gesucht. Aber bei ihr merkte ich nach kurzer Zeit, dass es ihr nur auf mein Geld ankam, und ich beendete diese Beziehung. Jetzt habe ich keine Verbindung zu einer Frau."

Leise antwortete Margret ihrem Mann: „Ich liebe dich immer noch genauso wie früher. Wenn du auch für mich noch Liebe empfindest, könnten wir doch wieder zusammenfinden, da die Therapien von Klaus in Hamburg beendet sind." Aber Kurt schüttelte den Kopf: „Nein, ich glaube nicht, obwohl ich noch starke Gefühle für dich habe. Aber dass du mich allein gelassen hast für irgendwelche Hirngespinste zur Therapie unseres Sohnes hat zu sehr wehgetan."

Da wandte sich Margret direkt an den Familienrichter: „Mein Mann hat unseren Sohn seit fast zwei Jahren nicht mehr gesehen; er hat keine Ahnung von den Fortschritten, die unser Kind gemacht hat. Ich möchte Sie bitten, die Verhandlung für eine Woche auszusetzen, damit mein Mann die Möglichkeit bekommt, seinen Sohn richtig kennenzulernen."

Der Familienrichter fragte Kurt: „Sind Sie mit dieser Regelung einverstanden?" Kurt antwortete: „Wo es nun schon fast zwei Jahre gedauert hat, kommt es auf die eine Woche Wartezeit auch nicht mehr an."

41. Kurts Treffen mit seinem Sohn

Der Treffpunkt war ein kleines Restaurant in der Heimatstadt. Es war schönes Wetter. Margret saß mit Klaus im Freien an den Tischen vor der Gastwirtschaft. Kurt verspätete sich zum angesetzten Termin, wie Margret es schon von früher kannte. Margret hatte Klaus erzählt, dass er jetzt seinen Papa kennenlernen sollte.

Endlich bog Kurts roter Porsche um die Ecke und hielt am Straßenrand. „Geh man schon zu deinem Papa, ich komme hinterher!", forderte Margret ihren Sohn auf. Dieser lief zum Auto. „Klaus!", rief seine Mutter. Klaus drehte sich um. „Gib deinem Papa die Hand und sag ihm guten Tag!" Klaus tat, wie ihm befohlen.

Kurt stand neben seinem Auto wie vom Donner gerührt. Als Margret näherkam, fragte er sie. „Wieso kann unser Sohn laufen?" „Er hat Prothesen bekommen!" „Wieso kann er dich hören?" „Seine Ohren wurden operiert, und er trägt

84

Hörgeräte!" „Und wieso kann er sprechen?" „Ich habe fleißig mit ihm Sprechen geübt!" „Aber wie ging denn das mit seiner Gesichtslähmung?" „Wir haben viel trainiert, sie zu beseitigen!"

Klaus bewunderte inzwischen den Porsche seines Vaters und las laut die Buchstaben und Ziffern auf seinem Nummernschild. „Wieso kann er denn mit noch nicht vier Jahren schon lesen?" „Klaus kann noch nicht richtig lesen. Aber die Buchstaben und Zahlen kennt er schon!"

„Das glaub ich alles nicht! Das ist nicht mein Sohn! Du treibst einen grässlichen Spaß mit mir!" „Doch, das ist dein Sohn! Hast du nicht seine verkürzten Arme bemerkt? Und schau dir seine Beine an!" Margret ging zu Klaus, der lange Hosen trug, und hob die Hosenbeine hoch, dass Kurt die Prothesen sehen konnte.

Da schossen Kurt die Tränen in die Augen. Halbblind taumelte er auf Margret zu, die ihn in die Arme nahm. „Bitte verzeih mir; ich habe dir so viel Unrecht getan!", sagte Kurt zu ihr und weinte sich an ihrer Schulter aus.

Klaus kam zu ihnen: „Was macht ihr denn da?" „Papa war böse auf mich. Aber jetzt haben wir uns wieder vertragen!" Nun löste sich Kurt von Margret, kniete vor Klaus nieder und nahm ihn in die Arme: „Du mein lieber Klaus! Jetzt wird alles wieder gut!"

42. Die Wiedersehensfeier

Ein paar Tage später, als alle Aufregungen vorüber waren, wurde im Haus von Kurts Eltern ein großes Wiedersehensfest gefeiert. Alle bewunderten Margret, was sie an ihrem Sohn geleistet hatte. Sogar Kurts Mutter war von nun an freundlich zu Margret, nachdem die Neuigkeit in der Kleinstadt die Runde gemacht hatte, dass aus der früheren Schande der

Missgeburt ein pädagogisches Wunderkind geworden war, das alle bestaunten, die ihn sahen.

Auf dem Höhepunkt der Feier hielt Kurts Vater Erich eine kleine Rede mit viel Lob auf Margret. Zum Schluss rief er: „Und mein Enkelsohn Klaus wird der künftige Erbe unserer Firma sein!" „Wieso soll ich ein Erbe sein, und was ist überhaupt ein Erbe?", fragte Klaus. Margret versuchte, es ihm zu erklären: „Wenn eines Tages dein Opa und dein Papa tot sind, wird dir alles gehören, die große Fabrik, dieses Haus und alles andere!"

Da schüttelte Klaus lachend den Kopf: „Nein, das glaube ich nicht. Außerdem sollen Opa und Papa am Leben bleiben!" „Das hast du gut gesagt", meinte Margret, und alle Anwesenden klatschten laut Beifall.

Kurt und Margret hatten wieder zueinander gefunden. Trotz der langen Trennung war ihre Liebe beständig geblieben. Allerdings musste Kurt erkennen, dass er jetzt eine ganz andere Frau hatte. Die schüchterne Frau, die sich früher ihm immer untergeordnet hatte, gab es nicht mehr. Margret war in den vergangenen zwei Jahren selbstbewusst geworden. Doch Kurt bewunderte seine Frau für das, was sie an Klaus getan hatte, und er ließ ihr in allem, was die Förderung von Klaus betraf, freie Hand.

43. Klaus im Kindergarten

Klaus hatte bisher nur seine Mutter und den Lehrer der Beratungsstelle als Kontaktpersonen gehabt. Nun musste er lernen, auch mit anderen Kindern zurechtzukommen. Er besuchte jetzt einen normalen Kindergarten in der Nähe. Margret hatte zuerst Sorge, dass es dabei Schwierigkeiten geben könnte. Aber dies war unbegründet.

Klaus ging wie selbstverständlich auf die anderen Kinder zu. Die waren natürlich zuerst sehr neugierig auf seine neuen eisernen Beine. Klaus zeigte sie ihnen, und wie sie funktionieren. Dann nahm er seine Prothesen ab und watschelte auf seinen kurzen Beinen durch den Raum. „Da kommt ein kleiner Bär!", riefen die Kinder, lachten und liefen weg, als Klaus sie fangen wollte. Doch dieses Lachen war nicht böse gemeint.

Bald hatten sich alle Kinder im Hort an die eisernen Beine von Klaus gewöhnt und behandelten ihn wie ihresgleichen. Klaus trug ja immer lange Hosen, so waren seine eisernen Beine meist gar nicht zu sehen. Klaus ging gerne in den Kindergarten und genoss das fröhliche Treiben, das er so lange vermisst hatte. Alles war jetzt gut.

44. Das Ende der Geschichte

Die weitere Geschichte ist schnell erzählt. Klaus besuchte danach die Grundschule und später das Gymnasium. Dorthin musste er mit einem Bus in die nächste größere Stadt fahren, doch das machte ihm nichts aus. Er war jetzt ein ganz normaler Junge, der auch gerne mal Unfug machte.

Klaus hatte keine Probleme auf dem Gymnasium. Er hatte eine hohe Intelligenz und schaffte alle Aufgaben gut. Mit 18 Jahren machte er sein Abitur. Seine Eltern hatten inzwischen noch zwei Töchter bekommen, die völlig gesund zur Welt gekommen waren. Klaus liebte das muntere Leben in seiner Familie.

Nach dem Abitur studierte Klaus Elektronik und Betriebswirtschaftslehre. Zwischendurch machte er Praktika in der Firma der Familie, die jetzt von seinem Vater geleitet wurde. Nach dem Studium arbeitete er in der Leitung der Firma mit.

Es ist wirklich nicht mehr viel über Klaus zu erzählen, weil er ein ganz normales Leben führte wie Millionen andere Leute es auch tun. Er heiratete eine liebe Frau und bekam drei gesunde Kinder. Allzu schnell wuchsen diese auf und waren bald erwachsen. Heute ist Klaus 50 Jahre alt. Er leitet die Firma seiner Familie; sein Vater, inzwischen fast 80 Jahre alt, hat nur noch die Oberaufsicht und zieht sich allmählich immer mehr aus der Arbeit zurück.

Doch sein ganzes Leben lang ist Klaus seiner Mutter dankbar geblieben, dass sie ihn trotz aller Widerstände vor dem Pflegeheim bewahrt hat, sich für ihn aufopferte und ihm so die Grundlagen für ein schönes und zufriedenes Leben gegeben hat.

B. Dokumentationen

1. Beginn der Früherziehung in Hamburg

Nach meiner Ausbildung als Sprachheillehrer und Lehrer für hörgeschädigte Kinder begann ich 1963 meine Arbeit als Gehörlosenlehrer in einer Klasse schwachbegabter tauber Kinder an der Hamburger Gehörlosenschule. Als ich bald darauf hörte, dass durch die Contergan-Katastrophe auch taube Kinder zur Welt gekommen waren, stellte ich mich dem neu gegründeten Contergankinder-Hilfswerk zur Verfügung, der Elternvereinigung der betroffenen Kinder.

Da es derzeit in Hamburg noch keine Früherziehung hörgeschädigter Kleinkinder außerhalb des Gehörlosenkindergartens gab, besuchte ich vorerst im Auftrag des Hilfswerks die tauben Contergankinder in Hamburg und Umgebung in ihrem Elternhaus. Ich beriet die Mütter in der Früherziehung, arbeitete in ihrem Beisein beispielhaft mit dem tauben Kind und gab den Müttern die Aufgabe, in gleicher Weise weiter zu arbeiten bis zu meinem nächsten Besuch ca. zwei Wochen später.

Zuerst musste ich mir die Kindergartenmethode aneignen, mit den Kleinkindern nur auf freiwilliger Basis ohne äußeren Druck zu arbeiten, da sich die Kleinkinder sonst verweigern. Mit finanzieller Unterstützung des Contergankinder-Hilfswerks konnte ich viel spezielles Spielzeug und viele Arbeitsmittel kaufen.

Da es seinerzeit noch kein Bildmaterial für taube Kleinkinder gab, entwickelte ich die „Hamburger Bildserie zur Sprachförderung", die auch vom Hilfswerk finanziert wurde, zuerst in kleinem Umfang in Schwarz-weiß, später entsprechend der großen Nachfrage stark erweitert in Farbe. Sie ist auch heute noch im Handel.

Allmählich traten auch Eltern tauber Kleinkinder an mich heran, deren Kinder nicht durch Contergan geschädigt worden waren, und baten um Hilfe. Dadurch konnte ich diese Arbeit nicht mehr in meiner Freizeit leisten. Von nun an arbeitete ich im Auftrag der Schulbehörde für alle tauben Kleinkinder gleich welcher Schädigungsart und bekam für diese Arbeit einige Wochenstunden zur Verfügung gestellt. Von meiner Schulleitung wurde mir ein Arbeitsraum freigeräumt. So entstand die erste Beratungsstelle für hörgeschädigte Kleinkinder in Norddeutschland.

Auf Bundesebene arbeitete ich weiter für das Contergan-Kinderhilfswerk. Ich bekam vom Hilfswerk die Anschriften von hörgeschädigten Contergankindern aus ganz Westdeutschland und schrieb ihnen Briefe mit Hinweisen auf Gehörlosenschulen und andere Hilfsmöglichkeiten wie den kostenlosen Empfang meiner Bildserie.

Später organisierte ich zweimal einwöchige Kurse für Eltern hörgeschädigter Kleinkinder aus ganz Westdeutschland, unterstützt von Mitarbeiterinnen des Hamburger Gehörlosenkindergartens, die die Kinder betreuten, während ich die Eltern beriet. Beide Kurse wurden voll vom Contergankinder-Hilfswerk finanziert.

Einige Jahre später übergab ich die Arbeit in der Beratungsstelle an einen anderen Kollegen und übernahm eine neue Mehrfachbehindertenklasse mit den Contergankindern und anderen tauben Kindern, die ich in den Jahren zuvor durch Hausbesuche und in der Beratungsstelle betreut hatte.

2. Das Contergankind Birgit, unser Pflegekind

a. Birgits Schäden durch Contergan

Birgit lernte ich 1968 in ihrem Alter von knapp acht Jahren in meiner Beratungsstelle kennen. Sie war eines der schwerstgeschädigten Contergankinder, die mir je zu Gesicht kamen. Außer ihrer Taubheit mit einer starken Gesichtslähmung hatte sie innere Organschäden, deren schlimmste das Fehlen des Dickdarmes war. Sie musste daher sofort nach der Geburt operativ einen künstlichen Darmausgang am Bauch bekommen, einen sogenannten Anus praeter, wie ihn auch Erwachsene nach einer Darmkrebsoperation erhalten. Wie ich ihrer Krankenakte entnehmen konnte, hatte Birgit noch weitere Organschäden; aber diese Zusatzschäden beeinträchtigten nicht so sehr ihr weiteres Leben.

Der Anus praeter musste durch eine sogenannte Pelotte geschlossen werden. Das war ein dicker Plastikpfropfen mit einer seitlichen Abdichtung, in der Art eines Weinflaschenverschlusses nach dem Öffnen, nur eben viel größer. Leider hielt diese Pelotte nicht dicht; dünnflüssiger Stuhl aus dem Darm, der sehr intensiv stank, quoll immer wieder seitlich neben dem Pfropf heraus, weil die Funktion des Dickdarmes, dem Darminhalt die Feuchtigkeit zu entziehen, nicht gegeben war.

So musste Birgit stets eine Windel um den Bauch tragen, um eine Verschmutzung ihrer Wäsche zu verringern, und sehr oft am Tage mussten ihr Bauch und die Pelotte gründlich gereinigt werden. Erst in späteren Jahren gab es Klebebeutel, die fest auf der Haut saßen, den Kot auffingen und nach sorgfältigem Aufkleben keinen Darminhalt und keinen Gestank mehr durchließen.

b. Birgits Vorschulzeit

Birgits Familie lebte in einem Einzelhaus in einem kleinen Ort im Landkreis Lüneburg. Birgit war das jüngste Kind der Familie und wurde von ihrer Mutter sehr fürsorglich betreut, konnte von ihr aber nicht geistig gefördert werden, und so blieb Birgit stumm und auch ohne Sprachverständnis wie fast alle gehörlosen Kleinkinder ohne Zusatzbetreuung.

Als Birgit im Alter von sechs Jahren schulpflichtig wurde, meldeten ihre Eltern das Kind bei der für sie zuständigen Gehörlosenschule an, und zur Einschulung brachten sie das Kind zu dieser Internatsschule. Doch noch am Abend desselben Tages bekamen sie einen Anruf mit der Aufforderung, ihr Kind sofort zurückzuholen. Wegen des schweren Darmschadens sei eine Beschulung im Klassenverband nicht möglich.

Dies war eine skandalöse Kurzschlussentscheidung der zuständigen Gehörlosenschule, deren Name ich aus Höflichkeit nicht nennen will. Ein Kind nur wegen eines Darmschadens als nicht beschulbar zu erklären und nach Haus zu schicken, war ein Verbrechen an dem Kind; denn mit etwas zusätzlichem Personalaufwand und etwas gutem Willen wäre es kein Problem gewesen, Birgit in diese Internatsschule aufzunehmen.

Doch Birgits Eltern waren einfache Leute und legten keinen Widerspruch höheren Orts ein. So blieb Birgit weiterhin ohne Beschulung und konnte nichts lernen.

c. Birgit in meiner Beratungsstelle

Zwei Jahre später hörten Birgits Eltern von einem neu errichteten Heim speziell für mehrfach geschädigte taubstumme und schwerhörige Kinder am Rande der Stadt

Heide in Schleswig-Holstein. Die Einweisung in dieses kleine Heim unterstand u.a. der Hamburger Sozialbehörde. So kam Birgit in Begleitung ihrer Mutter und der Leiterin der zuständigen Sozialamtsabteilung zu mir in meine Beratungsstelle, um die Voraussetzungen für eine Aufnahme in das Heim zu prüfen.

Birgit machte einen aufgeweckten und interessierten Eindruck auf mich. Sie hatte auch keine Scheu vor fremden Menschen. Zuerst machte ich bei ihr eine Hörprüfung; Birgit war in der Lage, in der Spielaudiometrie mitzumachen, sodass ich aus dem Audiometer eine genaue Kurve ihres beidseitigen Hörvermögens erhielt. Birgit war ein taubes Kind, hatte aber recht gute Hörreste, die durch Hörgeräte zu verbessern waren.

Anschließend prüfte ich ihre Intelligenz anhand des sprachfreien Intelligenztests von Snijders-Oomen, der speziell für die Intelligenzprüfung bei hörgeschädigten Kindern zusammengestellt worden war. Es werden dabei vom Testleiter keine Fragen gestellt, sondern die Aufgaben ergeben sich aus Bildreihen und aus Folgen von Symbolen, die auch ohne Sprache erkennbar sind.

Das Ergebnis dieses Tests war eine etwas schwache Intelligenz vor allem im logischen Bereich, aber andererseits ein recht gutes Gedächtnis. Birgit war damit eindeutig schulisch bildbar und in der Lage, Sprache verstehen zu lernen, evtl. auch Sprechen trotz der Gesichtslähmung, und auch Lesen, Schreiben und Rechnen lernen zu können, eine entsprechende Beschulung vorausgesetzt.

Nach diesen recht positiven Ergebnissen entschied die Leiterin aus dem Sozialamt, Birgit in das neu eröffnete Heim für mehrfachbehinderte hörgeschädigte Kinder zu schicken. Die Hamburger Gehörlosenschule war nicht zuständig, außerdem hatte sie als Großstadtschule kein Internat.

d. Das Pflegeheim in Heide

Wenige Monate später wurde ich gebeten, die Erzieherinnen in dem kleinen Heim für mehrfachbehinderte hörgeschädigteKinder zu beraten und zu beschulen, damit diese in die Lage kämen, ihre Schützlinge nicht nur zu betreuen, sondern auch geistig zu fördern. Ich wurde für einen Tag in der Woche vom Unterricht freigestellt und fuhr mit meinem Wagen regelmäßig die lange Strecke von Hamburg bis Heide und zurück.

Das Heim befand sich in einem größeren, villenartigen Einzelhaus, das von der früheren verstorbenen Besitzerin der „Familie Madjera-Stiftung" vererbt worden war. In der großen Villa lebten 15 Kinder in drei Gruppen von je 5 Kindern, meist im Alter von 4 bis ca. 8 Jahren.

Der Personalaufwand für dieses kleine Heim war sehr groß. Für jede der drei Gruppen lösten sich zwei Betreuerinnen am Tag ab, dazu gab es eine Vertretungskraft und eine Nachtwache, ferner eine Köchin mit Hilfspersonal, Reinmachefrauen und eine Heimleiterin. Insgesamt hatte das Heim fast so viel Personal wie Kinder; dennoch waren die Betreuerinnen voll ausgelastet, die jeweils 5 meist umherlaufenden Kinder, die nichts verstanden, zu betreuen, zu füttern und gegebenenfalls noch zu windeln.

Schon bei meinen ersten Besuchen in diesem Heim merkte ich, dass eine Beratung oder gar eine Beschulung des Personals einmal pro Woche kaum Chancen hatten. Nur die Leiterin dieses Heims war eine ausgebildete Kindergärtnerin, hatte aber im Gegensatz zu den Mitarbeiterinnen im Hamburger Gehörlosenkindergarten keinerlei vorherige Erfahrungen mit taubstummen Kleinkindern. Alle anderen Frauen, die im Heim mitarbeiteten, hatten keinerlei Ausbildungen und waren nur als Hilfskräfte angestellt worden.

Die tauben Kleinkinder wurden von diesen Frauen zwar gut betreut und versorgt; aber damit waren diese auch schon voll ausgelastet. Jede der Pflegerinnen war mit den fünf taubstummen Kleinkindern eigentlich überfordert und schon zeitlich nicht in der Lage, sich einem einzelnen Kind für eine evtl. Förderung zuzuwenden, zumal diese Kinder alters- und intelligenzmäßig außerordentlich weit auseinander lagen. Auch meine Möglichkeiten zur Beratung dieser Frauen waren stark eingeschränkt. Selbst wenn ich morgens sehr früh von zu Hause losfuhr, brauchte ich ca. zweieinhalb bis drei Stunden, um das Heim zu erreichen. Da blieb mir nur wenig Beratungszeit bis zum recht frühen Mittagessen, und danach war für die Kinder Mittagsschlaf, und auch die Pflegerinnen hatten dann eine längere Pause verdient und verließen oft das Heim während der Pause. So hatte ich vormittags und nachmittags nur eine kurze Zeit für eine Beratung zur Verfügung, bis ich wieder heimfahren musste.

Dieses Heim wurde in späteren Jahren durch den Kauf eines Nachbargrundstücks erweitert, und ich hoffe, dass heute die äußeren Bedingungen für eine Förderung der Kinder besser sind. Aber seinerzeit entsprach das Heim dem Privatheim in der beschriebenen Geschichte. Es gab eine gute Betreuung, die Villa hatte auch einen großen Garten, aber mehr konnte dort für die Kinder nicht getan werden.

e. Intelligenztests und ihre Ergebnisse

Als erstes musste ich mir einen Überblick über die 15 Kinder verschaffen, von denen ich vorerst nur eines kannte, nämlich Birgit. So machte ich mit allen diesen Kindern einen sprachfreien Intelligenztest wie bei Birgit, je ein Kind vormittags und nachmittags, bis ich nach mehreren Wochen Bescheid wusste. Die Kinder machten alle recht gut bei diesem Test mit, da die Aufgabenstellung den Kindern ja auch Spaß bereitete.

Durch die Tests kam ich zu einer mich sehr überraschenden Erkenntnis: 5 dieser 15 Kinder hatten ein so gutes Ergebnis, dass sie nicht in dieses Heim gehörten, sondern eine regelrechte Beschulung an einer Gehörlosenschule brauchten. Sie waren schwach begabt bis normal begabt, konnten aber lernen, Sprache vom Mund abzulesen oder zumindest durch Gebärden zu verstehen, konnten evtl. sogar Sprechen lernen und in bestimmten Grenzen auch Lesen und Schreiben lernen. Sie konnten nach einer solchen Beschulung je nach Begabung ein mehr oder weniger eigenständiges Leben führen und sich mit ihrer Umgebung verständigen.

Die anderen 10 Kinder waren als nur praktisch bildbar in dem Heim gut aufgehoben. Praktisch bildbar bedeutete, dass sie lernen konnten, ihre Ausscheidungen zu kontrollieren, allein zu essen, sich zu waschen, sich an- und auszuziehen und dergleichen Arbeiten zu schaffen, die die Pflege erleichterten und den Kindern später eine eng begrenzte Eigenständigkeit ermöglichten.

f. Die Aufnahme gut begabter Kinder in meine Klasse

Diese fünf Kinder, zu denen auch Birgit gehörte, mussten möglichst schnell beschult werden. Doch wie und wo? Welche Gehörlosenschule war bereit, diese Kinder, die wohnmäßig unterschiedlichen Schulen zugehörten, kurzfristig aufzunehmen? Mir war klar, dass das viele Monate dauern konnte, falls eine Beschulung überhaupt erfolgte, und ich hatte keinerlei administrative Kompetenzen, dieses Ziel zu erreichen.

Die einzige realistische Möglichkeit war, dass ich diese fünf Kinder in meine eigene Mehrfachbehindertenklasse aufnahm. Dadurch wurde die Schülerzahl meiner Klasse, die zuerst nur fünf Kinder umfasste, verdoppelt und bekam somit mehr Schüler, als einer normalen Gehörlosenklasse mit 8 bis

9 Schülern entsprach. Und im Gegensatz zu den normalen Klassen musste ich alle meine Schüler individuell unterrichten, da ihre Leistungen höchst unterschiedlich waren. Dennoch entschied ich mich dafür.

Aber allein hätte ich die Aufgabe der Beschulung dieser fünf Kinder gar nicht schaffen können. Wo sollten die Kinder in Hamburg wohnen, da meine Schule als Großstadtschule kein Internat hatte? Doch die Leiterin für behinderte Kinder im Sozialamt half mir. Sie hatte meine Arbeit in der Beratungsstelle gesehen und vertraute meinen Kenntnissen. Ich war ja auch der einzige Lehrer in Norddeutschland, der seinerzeit gute Erfahrungen in der Früherziehung hörgeschädigte Kinder hatte und sich mit Intelligenzprüfungen bei diesen Kinder auskannte.

Diese Leiterin im Sozialamt erreichte folgende Lösung: Ein kinderloses Ehepaar, beide geprüfte Erzieher, erklärte sich bereit, in eine größere, von der Behörde gemietete Wohnung umzuziehen und vier dieser schulfähigen Kinder in einer Art Miniheim aufzunehmen und berufsmäßig im Auftrag der Sozialbehörde zu betreuen. Das war nicht teurer als in Heide, wo Kinderzahl und Personal fast gleich stark vertreten waren. Diese vier Kinder wurden wie die anderen Schüler meiner Klasse und alle Schüler der ersten drei Schuljahre unserer Schule mit Schulbussen in die Schule gebracht und mittags wieder nach Hause gefahren.

g. Voraussetzungen für Birgits Aufnahme bei uns

Das noch fehlende fünfte Kind war Birgit. Bei dem zusätzlichen Aufwand für die Pflege bei ihrem Darmschaden konnte sie nicht in das Miniheim aufgenommen werden. Ich besprach mich mit meiner Frau, ob wir diesem Kind helfen könnten, obwohl wir seinerzeit schon drei eigene Kinder im Alter von 6, 4 und 2 Jahren hatten und meine Frau ein Jahr später wieder in den Schuldienst eintreten wollte. Ein weiteres eigenes Kind kam einige Jahre später noch hinzu.

Aber auch meine Frau sah ein, dass dieses schwerstbehinderte Kind im Alter von derzeit achteinhalb Jahren eine Chance bekommen musste, beschult zu werden, dass es eine gute Tat war, ihm die Zukunft für ein eigenständiges Leben zu retten.

Ich versprach meiner Frau, alle Arbeiten zu übernehmen, die mit der speziellen Schädigung Birgits zu tun hatten, mit ihrer Taubheit und vor allen Dingen mit ihrem Darmschaden. Das habe ich auch gehalten und habe jahrelang Birgits Darmreinigung übernommen oder später auf Korrektheit überprüft, bis Birgit in der Lage war, zu Beginn ihrer Pubertät diese Arbeit, die größte Sorgfalt verlangte, auch selbst zu übernehmen.

In den ersten Jahren unserer Ehe hatten wir mit den Kindern im Dachgeschoss im 2. Stockwerk unseres Hauses geschlafen, weil im 1. Stock zuerst meine Eltern, dann meine Mutter allein gewohnt hatten. Nach dem Tod meiner Mutter nahmen wir ihre Wohnung als unsere Schlafzimmer in Benutzung. So war im 2. Stock unser früheres großes Elternschlafzimmer frei geworden, in dem Birgit schlafen und sich auch aufhalten konnte.

Doch vorher musste noch ein weiteres Problem gelöst werden: Birgits Darmreinigung konnte nicht in unserem kleinen Badezimmer erfolgen, schon wegen der Geruchsbelästigung, evtl. Verschmutzungen und wegen der Unterbringung der vielen Windeln und ihrer sauberen und schmutzigen Unterwäsche. Zudem wurde unser Badezimmer von unserer großen Familie selbst intensiv benutzt.

Als Lösung ergab sich ein Winkel unter der Dachschräge im 2. Stock vor Birgits künftigem Schlafzimmer, wo vorher das Bett eines Kindes gestanden hatte. Dort ließen wir einen kleinen Waschraum einrichten mit einem großen

Waschbecken mit warmem und kaltem Wasser und mit einem Schrank für Birgits Wäsche und die Windeln. Ein Plastikvorhang gab Sichtschutz, falls ein anderer aus unserer Familie den Dachboden während der Darmreinigung betrat.

Die Kosten für den Umbau übernahm die Sozialbehörde. Das Pflegegeld für die Betreuung behinderter Kinder war damals recht wenig, dass es gerade die Ausgaben für das Kind abdeckte. Wegen der Zusatzkosten für die Darmreinigung bekamen wir noch einen Zuschuss.

h. Birgits Aufnahme bei uns und erste Probleme

Birgit kam zu Beginn des neuen Schuljahres im Sommer 1969 kurz vor ihrem 9. Geburtstag zu uns. Ich holte sie im Heim in Heide ab. Birgit kannte mich schon und ließ sich bereitwillig von mir in ihre neue, unbekannte Zukunft fahren. Sie war fremden Leuten gegenüber aufgeschlossen, wirkte trotz ihres Schadens fröhlich und unbekümmert. Vielleicht hatten ihr auch die Pflegerinnen verständlich machen können, dass sie nun in eine richtige Familie käme.

Birgit fühlte sich sofort in unserer Familie gut aufgenommen, akzeptierte interessiert ihr Zimmer und ihr ganzes neues Zuhause. Bei unserem ersten gemeinsamen Waldspaziergang nahm sie mütterlich unseren vierjährigen Sohn an die Hand, was dieser sich jedoch nur dieses eine Mal gefallen ließ.

Bei der täglich mehrfach fälligen Darmreinigung erkannte ich, dass Birgit im Heim nicht die geringste Selbständigkeit beigebracht worden war. Wahrscheinlich war den Pflegerinnen die Zeit zu knapp für die Beaufsichtigung einer eigenständigen Reinigung ihres Darmes, und so hat man sie nur schnell versorgt.

Dies änderte ich vom ersten Tag an. Ich zeigte Birgit, wie und wo sie sich zu reinigen hatte, ließ es sie aber selbst

99

machen, was natürlich viel Zeit in Anspruch nahm. Birgit lernte bald, was sie zu tun hatte; aber sie hatte die Neigung, alle Arbeiten schnell und flüchtig zu erledigen, und so musste ich ihre Selbstversorgung der Darmreinigung die ersten Jahre noch kontrollieren; denn für eine Geruchsfreiheit war absolute Sauberkeit notwendig.

Ich erinnere mich noch genau an Birgits erstes Bad. Sie lag in der Badewanne, ich nahm einen Waschlappen, seifte ihn ein und reichte ihn Birgit. Birgit nahm den Lappen, fuhr sich damit über das Gesicht, dann den Leib entlang und weiter über das linke Bein bis zum Fuß. Dann gab sie mir den Lappen zurück, und ich erkannte, dass sie auch beim Baden die Selbständigkeit noch lernen musste.

i. Birgits Probleme beim Essen

Ein Problem in den ersten Wochen waren die Mahlzeiten. Birgit hatte zu Hause und im Heim wegen ihrer Gesichtslähmung nur püriertes Essen bekommen, das sie ohne Kaubewegungen schnell hinunterschlucken konnte, was für eine schnelle Erledigung der Mahlzeit praktisch war.

Doch Birgit konnte lächeln, wenn auch nur mit einem schiefen Mund. Also war ihre Gesichtslähmung keine vollständige Paralyse, die unheilbar ist, sondern eine Parese, eine unvollständige Lähmung, bei der Teile der Bewegungsnerven noch erhalten waren. Somit konnte Birgit das Kauen lernen, und die Beweglichkeit ihres Unterkiefers war ja auch für ihr späteres Sprechenlernen sehr wichtig. Und so machten wir es bei ihr wie in der obigen Geschichte beschrieben.

Nur Fleisch und andere harte Speisen wurden zunächst noch zerkleinert. Aber Kartoffeln und weiches Gemüse konnte Birgit kauen lernen. Zu Beginn passierte allerdings Folgendes: Birgit stopfte sich den Mund voll, ohne zu kauen und zu schlucken, bis sie pausbäckig uns hilflos ansah. Durch Kaubewegungen machten wir ihr klar, was sie zu tun hatte, und ganz langsam begann sie zu kauen, und es dauerte sehr lange, bis sie die Speisen schlucken konnte und ihr Mund leer war.

Doch als wir dann einen Moment nicht aufpassten, stopfte Birgit sich erneut den Mund voll, und die ganze Prozedur begann von neuem. Aber von nun an passten wir auf: Birgit durfte für eine gewisse Lernzeit erst dann einen neuen Löffel Essen in den Mund nehmen, nachdem sie uns gezeigt hatte, dass ihr Mund ganz leer war.

Allmählich lernte Birgit das Kauen als Selbstverständlichkeit, zuerst sehr langsam; aber im Laufe der Zeit ging ihre Gesichtslähmung zurück, dass sie dann auch festere Speisen gut kauen und schlucken konnte. Allerdings blieb ein Rest der Gesichtslähmung erhalten; aber das störte nicht mehr, auch nicht beim Sprechenlernen; nur wenn sie lächelte, und das tat sie immer, wenn sie fotografiert wurde, sah man an einer Mundseite den Rest ihrer früheren Gesichtslähmung.

j. Probleme bei der Darmreinigung

Oft geschah allerdings bei den Mahlzeiten, dass Birgit Stuhlgang bekam, und da durch ihre Pelotte keine Auffangmöglichkeit vorhanden war wie später bei den Klebebeuteln, war dies immer eine ziemliche Schweinerei. Der halbflüssige Kot quetschte sich an der Pelotte vorbei aus dem Darm und beschmutzte dann Windeln und Unterwäsche.

Außerdem hatte dieser Kot einen bestialischen Gestank. Wir mussten alle Fenster aufreißen, und für Birgit und für mich galt es, das Essen zu unterbrechen und sofort in ihre Waschkammer zu gehen, den künstlichen Darmausgang und die Pelotte gründlich zu reinigen und Windeln und

Unterwäsche zu wechseln. Das bedeutete für meine Frau, dass sie sehr oft einen extra Waschgang für Birgits Wäsche durchführen musste.

k. Birgits Charakter

Trotz dieser vielen Unannehmlichkeiten und Behinderungen blieb Birgit stets ein fröhliches Kind. Sie nahm ihr Leben so, wie es sich ergab, die Hauptsache war, dass wir sie gern hatten und das auch oft zeigten.

Für unsere Kinder war Birgit trotz ihrer vollen Integration in der Familie wegen ihrer sprachlichen Behinderung kein wichtiger Partner. Wenn unsere Kinder mit den Kindern meines Bruders in der Nachbarschaft spielten, war Birgit beteiligt, aber eben nur als geduldete Mitläuferin, die sich gern in die Kindergemeinschaft einordnete, aber wegen ihrer Hör- und Sprechbehinderung keine eigenen Aktivitäten bringen konnte.

Birgit hatte eine Oberflächlichkeit, die für sie in ihrer Situation letztlich sehr gut war. Wir kannten eine alleinstehende alte Frau aus unserer Kirchengemeinde, die außerordentlich hilfsbereit war und immer Zeit für uns hatte, wenn wir abends einmal fortgingen. Sie passte auf unsere Kinder auf, die wir dann vorher ins Bett gebracht hatten.

Birgit liebte diese Frau, die sich besonders freundlich um das behinderte Kind kümmerte. Wenn wir ihr sagten, dass diese Frau uns am Abend besuchen wollte, freute sich Birgit sichtlich. Eines Tages mussten wir ihr mitteilen, dass diese Frau plötzlich gestorben war. Wir dachten, Birgit würde vielleicht in Tränen ausbrechen. Aber Birgit, die unsere Mitteilung durchaus verstanden hatte, nahm die Nachricht ohne innere Bewegung einfach hin. Das Leben war eben so, dass manchmal jemand sterben musste, und in gleicher Weise nahm sie auch ihre Behinderung als gegeben hin, ohne sich viele Gedanken darüber zu machen.

Das war auch bei anderen Gehörlosen so, dass sie ihre Taubheit während ihrer Kindheit hinnahmen und dennoch fröhlich sein konnten. Aber wenn sie in der Pubertät begannen, über ihr weiteres Leben nachzudenken und dann die vielen Behinderungen für ihr künftiges Leben erkannten, in der Partnerwahl, im Arbeitsleben, in ihrer Isolierung in der Gesellschaft, dann wurden sie oft depressiv.

Das konnte Birgit auch in ihrer Pubertät nicht passieren. Sie blieb immer ein fröhliches Mädchen; ihre Oberflächlichkeit schützte sie vor Grübeleien. Durch ihre Fröhlichkeit, ihr Interesse an anderen Menschen, ihre Aktivität, aber auch durch ihren selbstverständlichen Gehorsam war Birgit in ihrem Verhalten nie ein großes Problem für unsere Familie.

Birgit lebte etwas abseits von unserem quirligen Familienleben, das durch ein viertes Kind noch unruhiger wurde; aber alle hatten wir Birgit gern, weil sie immer fröhlich und aktiv war und sich in die Notwendigkeiten familiärer Normen ohne Probleme einordnete.

Birgit ging ohne Scheu sogar auf fremde Leute zu. Als wir für einen Anbau an unserem Haus für längere Zeit Bauarbeiter bei uns hatten, versuchte Birgit, mit ihnen ins Gespräch zu kommen, und als die Arbeiter sie nicht gleich verstanden, zeichnete Birgit mit einem Stock einzelne Wörter in den Sand und hatte damit Erfolg.

l. Birgits Familie

Birgit lebte nur während der Schulmonate bei uns. In den Ferien wurde sie von ihren Eltern immer abgeholt und wohnte dort in ihrer eigenen Familie, wie es ja auch in den

Schulinternaten üblich ist. Sie sollte ja ihren Eltern und Geschwistern nicht entfremdet werden.

In den ersten Herbstferien wurden wir von ihren Eltern eingeladen, die uns außerordentlich dankbar waren, dass wir ihrer Tochter durch die Aufnahme in unsere Familie den Schulbesuch ermöglichten. In Gesprächen konnten wir uns besser kennenlernen, und wir lernten so auch ihre Umgebung kennen, das eigene Haus ihrer Eltern und auch ihre älteren Geschwister.

Bei diesem ersten Besuch ist mir eine kleine Episode im Gedächtnis geblieben: Birgit kam nach dem Pinkeln aus der Toilette, hatte ihre Unterhose um die Füße, schlurfte zu ihrer Mutter und ließ sich von ihr die Hose hochziehen, wie ein Kleinkind von drei Jahren. Das machte uns deutlich, wie sehr Birgit ihre Verwöhnung im Elternhaus gewohnt war und diese auch mit neun Jahren noch als ganz normal in Anspruch nahm. Als wir ihrer Mutter sagten, wie selbständig sich Birgit bei uns verhielt, versprach ihre Mutter, sich solche schädliche Verhaltensweisen abzugewöhnen.

m. Birgits Hörgeräte und die Todesspritze

Bei der Hörprüfung mit dem Audiometer hatte ich erfahren, dass Birgit noch sehr gute Hörreste hatte. Ich hoffte, durch die Anpassung zweier Hörgeräte könnte aus dem tauben Kind vielleicht ein schwerhöriges werden. Unser Ohrenarzt verschrieb ihr zwei Hörgeräte, die ihr dann in einem Fachgeschäft angepasst wurden, und ihre Krankenkasse übernahm die Kosten..

Im Wartezimmer des Ohrenarztes waren Birgit und ich mit einer Frau allein. Die Frau, die mich als Vater ansah, erkundigte sich nach dem Schicksal des Kindes, und ich gab ihr gerne Auskunft. Doch dann meinte die Frau plötzlich: „Bei so einem schwer geschädigten Kind wäre es doch das

Beste, man würde es durch eine Spritze von seinem Leid erlösen." Ich antwortete der Frau, dass ich mir sehr viel Mühe mit dem Kind gab, und dass das Mädel meist recht fröhlich sei und Freude am Leben habe.

Da entschuldigte sich die Frau für ihre Worte, doch dann fing sie wieder von vorne an, dass eine tödliche Spritze doch das Beste für so ein Kind wäre. Da ging ich demonstrativ ans Fenster, schaute hinaus und gab ihr keine Antwort mehr. Doch mein Verhalten verstärkte noch die Motivation dieser Frau, und sie redete aufgeregt immer weiter von dem Segen der Todesspritze, bis uns der Arzt durch Aufruf von dieser Frau erlöste.

Doch dieser Fall war Gott sei Dank eine Ausnahme. Da Birgit immer fröhlich auch auf fremde Menschen zuging, vor allem, als sie später das Sprechen gelernt hatte, reagierten eigentlich alle Leute recht freundlich auf sie und gaben ihr auch Antwort.

Leider brachten die Hörgeräte bei Birgit nicht den erhofften Erfolg. Birgit reagierte auf ihren Namen, wenn ich sie von hinten anrief, doch das war auch alles. Für das Erlernen der Sprache gibt es bei tauben Kindern wie bei den früheren Wolfskindern eine Altersgrenze von ca. 10 bis 12 Jahren; danach lernen Kinder die Sprache nur noch rudimentär. Vielleicht gibt es eine solche Altersgrenze auch beim Hörenlernen.

Jedenfalls las Birgit die Sprache weiterhin vom Mund ab. Durch die Hörgeräte gab es keine erkennbare Änderung. Und Birgit reagierte auch nicht, wenn die Batterien der Hörgeräte ihren Dienst aufgaben. Hörrestig taube Kinder, die Nutzen von ihren Hörgeräten haben, reagieren, wenn die Batterien erschöpft sind, entweder durch Sprechen oder durch Gebärden im Kleinkindalter.

Vielleicht hat Birgit eine akustische Agnosie, das bedeutet, dass sie Sprache hören, aber das Gehörte nicht deuten kann und so keinen Nutzen von den Hörgeräten hat, sondern die Sprachgeräusche vielleicht sogar als störend empfand. Das wäre eine weitere, bedauerliche Schädigung durch das Contergan.

n. Birgits Zahnsanierung

Birgit hatte ganz schlechte Zähne, die vorne sogar schwarz waren. So ging ich mit ihr zum Zahnarzt. Aber Birgit hatte in ihrem Leben schon so viele schlechte Erfahrungen mit Ärzten gemacht, die ihr durch Blutabnahmen und andere Behandlungen weh getan hatten, dass sie eine totale Abneigung gegen Ärzte hatte, vom Ohrenarzt abgesehen.

Birgit setzte sich nicht in den Behandlungsstuhl, sie blieb an der Tür stehen. Dort ließ sie sich zwar in den Mund schauen, doch sie war auf keine Weise zu bewegen, sich dem Behandlungsstuhl auch nur zu nähern. Ihre Eltern hatten wohl die gleichen Schwierigkeiten bei Ärzten gehabt, und ob die Pflegekräfte im Heim sie jemals zu einem Zahnarzt gebracht hatten, weiß ich nicht.

Ich nahm Kontakt zur Zahnklinik im Universitätskrankenhaus auf und stellte Birgit dort vor. Ihr Verhalten war genauso wie vorher beim Zahnarzt. Die Ärzte im Krankenhaus konnten lediglich in ihren Mund schauen und die faulen Zähne betrachten.

Die Zahnärzte entschlossen sich zu einer Generalsanierung aller Zähne während einer Narkose. Ich bekam einen neuen Termin, erhielt dafür einen Tag dienstfrei und brachte Birgit morgens in die Zahnklinik. Danach musste ich viele Stunden lang warten. Wahrscheinlich hat Birgit eine Äthernarkose bekommen, die schnell wirkte und ihr nicht wehtat. Jedenfalls kam sie nach der Behandlung fröhlich

106

lächelnd zu mir zurück, sie zeigte mir ihre jetzt wieder weißen Zähne, und wir konnten nach Hause fahren.

o. Birgits Mitarbeit in meiner Klasse

Die Arbeit in meiner Mehrfachbehindertenklasse war meist Einzelarbeit mit den Kindern, da fast alle Schüler ein unterschiedliches Intelligenz- und Leistungsniveau hatten. Die Intelligenz schwankte von gerade noch schulisch bildbar bis zu einer sehr guten Intelligenz bei einem Schüler, der eigentlich gar nicht in meine Klasse gehörte.

Birgit lernte das Lesen zuerst ganzheitlich anhand der Schrift bei den Bildern meiner Bildserie, die sie auswendig lernte und dann auch schreiben konnte. Doch Birgit lernte ebenfalls schnell die Buchstaben und dann das richtige Lesen. Genauso gut schaffte sie das Ablesen der Sprache vom Mund, wobei ihr die Hörgeräte vielleicht doch eine kleine zusätzliche Hilfe beim Verstehen waren.

Diese guten Lernerfolge waren das Ergebnis von Birgits sehr gutem Gedächtnis. Als sie älter wurde und den Kalender kennengelernt hatte, fragte sie nach den Geburtsdaten unserer Familie, und sie behielt sie jahrelang im Gedächtnis, und nach ihrer Schulzeit schrieb sie uns Glückwunschkarten zu unseren Geburtstagen.

Um Birgit durch Artikulationsübungen das eigene Sprechen beizubringen, war meine Zeit in der Schulklasse zu knapp. Dazu brauchte ich viele Stunden bei mir zu Hause. Doch eine große Hilfe war, dass Birgit Sprechen lernen wollte, weil sie spontan an allen freundlichen Menschen interessiert war und Kontakt suchte. Birgits Gesichtslähmung war soweit zurückgegangen, dass diese beim Sprechenlernen nicht mehr stören konnte.

Viele gehörlose Kinder und Jugendliche meiden das eigene Sprechen, auch wenn sie es gelernt haben, weil die

107

Stimmgebung für sie zu anstrengend ist. Wenn sie Hörenden etwas mitzuteilen haben, fassen sie sich meist recht kurz in einer knappen Mitteilung. Fast alle Gehörlosen haben private Kontakte meist nur mit anderen Gehörlosen in ihren speziellen Vereinen, und da unterhalten sie sich mit Gebärden und machen zur besseren Verständigung untereinander die Mundbewegungen des Sprechens nur lautlos, da die anderen Gehörlosen die Stimme ja doch nicht hören können.

Ganz anders war es bei Birgit. Nachdem sie das Sprechen gelernt hatte, benutzte sie es auch intensiv. Wenn meine Familie sich bei den Mahlzeiten unterhielt, fing Birgit oft laut zu sprechen an; sie hörte ja nicht die Gespräche der Familie. Dann lauschte ich ihr immer sehr aufmerksam, und da ihr Sprechen zuerst noch recht fehlerhaft war, korrigierte ich es bei allen Gelegenheiten, auch bei den Mahlzeiten. Durch diese ständigen Verbesserungen wurde Birgits Artikulation immer klarer verständlich; das einzig Störende war, dass ihre Stimmlage etwas zu hoch lag.

In meiner Mehrfachbehindertenklasse musste ich beim Sprechen viele Gebärden zur Verständigung anwenden, da mehrere Schüler nicht in der Lage waren, meine Mundbewegungen von den Lippen abzulesen. Doch bei Birgit wandte ich fast nie Gebärden an, weder in der Schule noch zu Hause, sie waren bei ihr auch nicht nötig. Birgit selbst benutzte auch nie Gebärden.

Dagegen tat es unser ältester Sohn, wie ich eines Tages erleben musste, als ich bei Birgit im 2. Stock in ihrem Zimmer war. Mein Sohn hatte von seiner Mutter den Auftrag erhalten, Birgit Bescheid zu sagen, dass sie zum Essen runterkommen sollte. Doch unser Sohn hatte keine Lust, Birgit diese Aufforderung mit langsamem Sprechen verständlich zu machen. Er stürzte in Birgits Zimmer und machte schnell die natürlichen Gebärden für „komm" und „Essen". Nach drei Sekunden war er wieder aus dem Zimmer.

p. Birgits Probleme beim logischen Denken

So gut Birgits Gedächtnis war, so groß waren oft ihre Schwierigkeiten im logischen Denken. Birgit verließ unser Grundstück immer, ohne nach links oder rechts zu schauen. Das war recht gefährlich, da der Fußweg vor unserem Grundstück gleichzeitig ein Radweg ist, wobei durch Unachtsamkeit leicht ein Unfall geschehen konnte.

Um dies zu verhindern, wollte ich mit Birgit ein richtiges Verhalten an unserer Gartenpforte einüben. Ich blieb an der offenen Pforte stehen, beugte mich nach vorne und schaute nach links und nach rechts. Zur Verdeutlichung legte ich abschirmend meine Hand über die Augen. Dann sagte ich Birgit: „Ich bin jetzt ein Radfahrer!" Ich gab Birgit ein Zeichen, aus der Pforte zu kommen. Birgit kam, ohne sich umzuschauen. Da rannte ich Birgit unsanft an, fing sie aber auf, damit sie sich nicht wehtat. Wieder sagte ich zu ihr: „Ich bin ein Radfahrer, pass auf!"

Dasselbe Spiel wiederholte sich drei- bis viermal. Dann endlich hatte Birgit begriffen, was sie sollte. Und von nun an schaute Birgit immer nach links und nach rechts, ob der Fußweg frei war. Witzig war dabei, dass sie meine überdeutliche Demonstration für immer übernahm: Bevor Birgit hinausging, beugte sie sich nach vorne, hielt abschirmend die linke Hand über ihre Augen und schaute nach links, danach dasselbe mit der rechten Hand beim Schauen nach rechts.

Damit war ich zufrieden, bis wir einmal eine Kollegin von mir besuchen wollten, wobei wir eine Straße überqueren mussten, die links eine scharfe Kurve hatte, dass man die Straße erst überblicken konnte, wenn man etwas auf der Fahrbahn war. Doch Birgit, die vorgegangen war, blieb auf dem Fußweg stehen, legte ihre Hand über die Augen, beugte sich nach vorne, schaute nach rechts auf die freie Straße und nach links auf eine Hecke, hinter der die Fahrbahn verborgen war. Danach schaute sie stur geradeaus und überquerte die Straße. Wenn von links ein Auto gekommen wäre, hätte sie überfahren werden können.

Birgit lernte auf einem alten Mädchenfahrrad das Radfahren in unserem Garten. Doch ich konnte sie nicht mit dem Fahrrad nach draußen lassen, da Birgit das Bremsen durch die Rücktrittbremse nicht lernte. Wenn sie anhalten wollte, sprang sie vom Fahrrad und lief ein paar Schritte bis zum Stillstand.

Nun kann man das Bremsen mit der Rücktrittbremse ja nicht sehen. Ich lief neben Birgit her, wenn sie fuhr, und plötzlich drückte ich ihren Fuß nach hinten, dass das Fahrrad hielt. Aber Birgit verstand mich nicht. Ich stellte das Fahrrad auf den Kopf, drehte schnell die Pedale und ließ mit einem Ruck das Rad bremsen. Birgit machte es nach und hörte nach einiger Zeit mit dem Drehen der Pedale auf, aber sie drückte nicht die Rücktrittbremse.

Bei diesem komplizierten Thema war auch Birgits Wortschatz zu begrenzt, um ihr den Sachverhalt durch Worte klarzumachen. So durfte Birgit weiterhin nur in unserem Garten Radfahren.

An einem anderen Tag sollte Birgit uns mal kurz im Haushalt helfen. Ich gab ihr einen Haufen dünner Pappen zum Wegwerfen, die aber für den Mülleimer etwas zu groß waren. So machte ich Birgit deutlich, diesmal unterstützt durch eine natürliche Gebärde, dass sie die Pappen vor dem Werfen in den Mülleimer in Stücke reißen sollte. Birgit nahm die Pappen und verließ das Haus.

Nach einiger Zeit fragten wir uns: „Wo bleibt denn Birgit?" Ich schaute nach ihr. Sie stand am Mülleimer, hatte noch viele der Pappen vor sich und riss sie in briefmarkenkleine Stücke, bevor sie diese in den Mülleimer warf. Dass dies so klein gar nicht nötig war, hatte sie nicht überlegt. Erst als ich ihr das Zerreißen in größere Teile vormachte, ahmte sie es nach.

q. Die neuen Klebebeutel für den Anus praeter

Endlich konnten wir die unzureichende Pelotte bei der Darmreinigung zur Seite legen. Es gab von nun an Klebebeutel, die man um die Darmöffnung auf den Bauch kleben kann, und die einen dehnbaren Plastikbeutel haben, in den der Kot aufgenommen werden kann. Wenn der Klebebeutel völlig glatt auf den Bauch geklebt wird, lässt er weder Kot noch Darmgase durch.

Diese Klebebeutel waren eine große Erleichterung für Birgit und unsere Familie. Nun gab es keine Schweinerei mit Gestank bei den Mahlzeiten, und desgleichen war es nicht mehr nötig, Windeln und Ersatzunterwäsche zur Schule und zu ärztlichen Untersuchungen mitzunehmen. Die Klebebeutel hielten viele Stunden dicht.

Ein Wechsel war nur noch zweimal am Tag nötig, vor der Schule und nach dem Mittagessen. Birgit war inzwischen alt und vernünftig genug, ihren Darm und die Umgebung sorgfältig zu reinigen, denn das war Voraussetzung für die Klebedichtigkeit des Beutels. Ich brauchte Birgit bei ihrer Reinigungsarbeit nicht mehr zu kontrollieren. Meine Aufgabe war nur noch, ihr den Klebebeutel so auf den Bauch zu kleben, dass im ganzen Umkreis des Darmes keine Rillen im Klebering entstanden, durch die Kot oder Gase eventuell hätten entweichen können.

Das wäre mir selbst bei meinem eigenen Bauch schwergefallen, dafür musste ich vor Birgit knien, ihren Bauch prüfen, ob er völlig sauber und auch trocken war, und dann klebte ich sehr sorgfältig den Beutel auf. Zum Glück übernahm die Krankenkasse von Birgits Eltern die Kosten für diese recht teuren Klebebeutel.

Nur für die Nacht benutzte Birgit noch die alte Pelotte mit einer Windel um den Bauch, nachdem sie sich den Bauch eingekremt hatte, damit ihre Bauchhaut nicht wund wurde, sondern sich nachts von der Beanspruchung durch die Klebe erholen konnte. Diese Arbeit machte sie ganz alleine. Durch diese segensreichen Klebebeutel war es Birgit sogar möglich, am Baden und Schwimmen mit ihrer Klasse teilzunehmen. Im Krankenhaus Hamburg-Barmbek befand sich in der orthopädischen Klinik ein Bewegungsbad zum Training der Beweglichkeit von Armen und Beinen der Patienten.

Durch das Contergankinder-Hilfswerk konnte ich erreichen, dass der leitende Professor der orthopädischen Klinik für meine Klasse, in der sich ja mehrere der Contergankinder befanden, dieses Bewegungsbad zur kostenlosen Verfügung stellte, und zwar für jeweils zwei Vormittagsstunden an einem Tag der Woche. Diese Regelung blieb, einmal beschlossen, für ca. 15 Jahre bestehen, sodass später auch viele andere Grundschulklassen meiner Schule einmal die Woche diesen schönen Badespaß in dem 30 Grad warmen Wasser erleben und Schwimmen lernen konnten.

Nach dem Ausziehen und Duschen ging ich mit Birgit in einen Toilettenraum und klebte ihr nach dem Abtrocknen einen neuen Klebebeutel auf den Bauch, damit das Wasser auf keinen Fall durch sie verunreinigt werden konnte. Darüber trug Birgit einen Badeanzug, so dass ihre Behinderung nicht mehr sichtbar war. Birgit war wie die anderen Kinder begeistert beim Baden in dem warmen, ca. 1 m tiefen Wasser dabei, und nach kurzer Zeit lernte sie das Schwimmen.

r. Überlegungen für eine Darmoperation

Schon früh hatte ich erfahren, dass es für Birgit eventuell die Möglichkeit gäbe, dass ihr Darm eines Tages durch eine Operation an den normalen Ausgang zurückgelegt werden könnte mit der gleichzeitigen Schließung ihres Anus praeter. Um dies zu prüfen, musste Birgit im Alter von ca. 12 Jahren für eine Woche in ein Krankenhaus, wo sie viele Untersuchungen über sich ergehen lassen musste.

Das Ergebnis dieser Prüfung, das mir ein Oberarzt dieser Klinik in einem ausführlichen Gespräch darlegte, war nicht sehr ermutigend. Natürlich wäre es möglich, den Darm an die Stelle des Afters zurückzulegen. Doch das Problem war, dass dieser After, ein sehr kräftiger Schließmuskel, bei Birgit gar nicht vorhanden war.

Diesen Schließmuskel könnte man ersetzen, indem von einem Bein ein Teil des sehr großen Muskels an einer Seite abgetrennt und in einer Schlinge um den neu geschaffenen Darmausgang gelegt würde. Doch dann müsste dieser neue Schließmuskel intensiv trainiert werden, da ja die nervliche Innovation für diesen Muskel nicht vom After aus, sondern vom Bein aus erfolgen musste. Dieses Training wäre bei Birgit wegen ihrer Gehörlosigkeit und ihrer etwas geringen Auffassungsgabe für diesen komplizierten Lernvorgang nur schwer durchzuführen.

Hinzu kam, dass dieser künstliche Schließmuskel nie die Kraft bekommen könnte, die ein natürlicher Schließmuskel hat. Außerdem würden bei Birgit die speziellen Nerven fehlen, die bei gesunden Personen anzeigen, dass ein Stuhldrang besteht, sobald der Kot auf diese Nerven drückt.

Birgit müsste bei jedem Pinkeln gleichzeitig diesen schwachen, künstlichen Schließmuskel entlasten, um einen möglichen Darminhalt ausscheiden zu können, den sie ja nicht fühlen könnte. Außerdem müsste sie stets eine Windel tragen für den Fall, dass eine größere Menge an Kot den künstlichen Schließmuskel überwinden und ihre Unterwäsche beschmutzen könnte. Hinzu kam, dass Birgit ihren Anus praeter gut sehen und demzufolge auch gut reinigen konnte. Bei einer Verschmutzung von Windel und Unterwäsche zwischen den Beinen wäre für Birgit eine sorgfältige Reinigung von Unterleib und Beinen weitaus schwieriger, da diese Verunreinigungen von ihr ja nur unzureichend zu sehen wären. Außerdem bestände bei ihr die Gefahr einer Blaseninfektion durch Darmbakterien, wenn ihr eine völlige Sauberkeit nur schwer möglich wäre.

Nach einer solchen Operation wäre es durchaus möglich, dass bei Misslingen all dieser Voraussetzungen für eine reibungslose Darmentleerung in einer zweiten Operation all diese Veränderungen wieder rückgängig gemacht werden müssten, was für Birgit dann doppelt schmerzhaft sein würde.

Aus all diesen Gründen empfahl mir der Arzt, mit der Entscheidung über eine evtl. Operation noch so lange zu warten, bis Birgit als Erwachsene selber entscheiden könnte, ob sie eine solche Operation wünsche oder nicht. So blieb letztlich alles wie zuvor.

s. Meine Erkrankung und die Teilung der Klasse

In den Jahren 1972/73 ließen wir unser Eigenheim, das für eine Familie mit vier Kindern und einem Pflegekind zu klein geworden war, durch einen Anbau verdoppeln. Doch durch die Überlastung durch meine Arbeit in der Schule und zusätzlich durch die nervliche Belastung und Arbeiten am Haus bekam ich 1973 ein langwieriges Magengeschwür, dass ich sehr viel Gewicht verlor und für ca. 3 Monate krankgeschrieben wurde.

In der Zwischenzeit wurde meine Klasse, die für mehrfachbehinderte Kinder viel zu groß geworden war, in zwei neue Klassen geteilt. Die in ihren Leistungen schwächeren Schüler kamen in eine neue Mehrfachbehindertenklasse, und die besser begabten Schüler, die bereits das Sprechen gelernt hatten, unter ihnen auch Birgit, bildeten eine neue Hauptschulklasse. Ich selbst übernahm nach meiner Gesundung eine normale Klasse für gut begabte Kinder, und aus dieser Klasse entstand dann meine künftige Realschulklasse.

Auch in ihrer neuen Klasse kam Birgit gut voran. Allerdings war ihre neue Klassenlehrerin nicht immer mit ihr zufrieden, weil Birgit meist recht schnell mit ihren Arbeiten fertig werden wollte und dabei ohne richtige Aufmerksamkeit oft viele Fehler machte. Das geschah vor allem beim schriftlichen Rechnen mit Multiplikation und Division, was Birgit nicht so sehr interessierte, was aber im Lehrplan stand.

Witzig wurde es für uns, als Birgits neue Lehrerin mit dem Sexualkundeunterricht begann. Birgit kannte keine Peinlichkeit. Als wir eines Tages Besuch hatten und im Wohnzimmer zusammensaßen, wollte uns Birgit ihre neuen Kenntnisse demonstrieren. Sie zeigte auf jeden von uns und sagte dabei: „Du hast einen Penis, du hast keinen Penis!" Zuletzt rief einer unserer Söhne: „Und du hast auch keinen Penis!" Da nickte Birgit, und das Thema war abgeschlossen.

t. Birgit in unserer Familie bis zum Schulende

In unserer Familie ging mit Birgit weiterhin alles gut. Sie war nach Eintritt ihrer Pubertät etwas ernster geworden, wirkte aber weiterhin fröhlich und unbekümmert, und sie sprach wie zuvor sehr viel vor allem mit meiner Frau und mir. Für unsere Kinder war Birgit als Diskussionspartnerin nicht so interessant.

Birgit war inzwischen sehr selbständig geworden. In den ersten Schuljahren hatte ich sie mit dem Auto mit in die

Schule genommen und nach Unterrichtsschluss wieder mit heimgefahren.

Zur Fahrt in die Schule nahm ich sie in den späteren Jahren weiterhin mit, aber den Heimweg mit Bahn und Bus schaffte sie schon lange selbst. Auch ihre Darmreinigung erledigte Birgit nun ganz allein ohne jede Kontrolle, die nicht mehr nötig war und seit ihrer Pubertät auch nicht mehr angebracht gewesen wäre.

Birgit lernte im Deutschunterricht ihrer neuen Klasse auch die Höflichkeitsform der Anrede mit „Sie". Vielleicht war Birgit der Meinung, dass sie nun alle Erwachsenen so anreden müsste. Jedenfalls wurden meine Frau und ich seitdem mit „Sie" angesprochen. Es war für uns etwas komisch, aber wir duldeten diese Anrede, weil Birgit die neue Form des Ansprechens ja lernen sollte.

Auch wenn Birgits Leistungen im Rechnen nicht so gut waren, so hatte sie doch im Deutschunterricht sehr viel gelernt. Auf Grund ihres guten Gedächtnisses konnte sie Texte fast fehlerlos schreiben, und zwar besser, als manche Gehörlose in meiner späteren Realschulklasse. Birgit hat keine Bücher gelesen, dazu reichte ihr Wortschatz nicht; aber durch ihr vieles Sprechen, das ich nicht nur artikulatorisch, sondern auch grammatisch stets kontrolliert und verbessert hatte, konnte Birgit sich in ihrem etwas eingeschränkten Lebensbereich sehr gut und fast fehlerfrei schriftlich und mündlich verständigen.

Birgit war insgesamt elf lange Jahre unser Pflegekind. Sie besuchte nach der Teilung meiner Mehrfachbehindertenklasse den Hauptschulzweig der Gehörlosenschule, der wegen der unterrichtlichen Schwierigkeiten bei Gehörlosen auf zehn Jahre erweitert worden war. Am Ende des 10. Schuljahres wurde Birgit mit einem guten Zeugnis entlassen.

u. Birgits Schulentlassung

Zur Entlassungsfeier in der Aula der Gehörlosenschule waren natürlich auch Birgits Eltern geladen, und danach feierten wir bei uns zu Hause ein fröhliches Abschiedsfest mit vielen schönen Gesprächen.

Zu diesen Feiern hatte ich auch die ehemalige Leiterin der Behindertenabteilung in der Sozialbehörde eingeladen, die nun schon viele Jahre pensioniert war. Sie hatte Birgit seinerzeit in meiner Beratungsstelle kennengelernt, und sie hatte später dafür gesorgt, dass Birgit und vier weitere Kinder aus dem Pflegeheim in Heide in Hamburg aufgenommen und beschult werden konnten.

Diese Frau, die durch ihren Einsatz die Zukunft dieser fünf Kinder für ihr weiteres Leben gerettet hatte, nun bereits in den Siebzigern, sollte sehen, was aus ihrem Schützling Birgit im Laufe der Jahre geworden war, vor allem, wie gut sie Sprechen gelernt hatte, und wie fröhlich und aktiv sie auf ihre Umwelt wirkte.

Diese Frau hatte sich über die Einladung sehr gefreut und ihre Teilnahme zugesagt. Leider erschien sie nicht zur Entlassungsfeier und auch nicht bei uns zu Hause. Eine Woche später rief sie weinend bei mir an; sie hatte den Termin einfach vergessen und war nun todunglücklich darüber. Ich war erschüttert, wie diese so resolute, selbstbewusste und zupackende Frau in leitender Funktion nach elf Jahren nun so verzweifelt weinen musste über ihr schwaches Gedächtnis. Sie schickte mir noch ein Geschenk für Birgit, das ich ihr nachträglich zusenden sollte.

v. Birgits weiteres Leben

Birgit konnte nach ihrer Entlassung keinen Platz in der freien Wirtschaft finden. Sie wäre damit trotz ihres guten Sprechens wohl überfordert gewesen. Stattdessen fand sie Aufnahme in einer beschützenden Werkstatt in ihrem Wohnbereich als Näherin, wo sie sich gut einlebte und zufrieden ist. Dort bekommt Birgit für ihre Arbeit ein kleines Gehalt und vor allem ihre Krankenversicherung und Beiträge für ihre spätere Rente. Birgit wohnt nach wie vor in ihrem Elternhaus.

Die Berufsbedingungen für gehörlose Schulabgänger haben sich im Laufe der Jahrzehnte sehr verschlechtert. Früher fanden die männlichen Jugendlichen als Hauptschulabgänger handwerkliche Ausbildungsplätze wie z.b. als Tischler, die aus der Schule entlassenen Mädchen wurden oft Näherinnen. Viele Realschulabgänger fanden Arbeit z.b. als Technischer Zeichner oder in anderen Berufen ohne Publikumsverkehr.

Heute sind viele der einfacheren Berufe weggefallen. Die gehörlosen Realschulabgänger finden noch mit Mühe einen guten Ausbildungsplatz, und die schwächer begabten oder mehrfachbehinderten Gehörlosen haben Anspruch auf einen Platz in den beschützenden Werkstätten, in denen nicht auf wirtschaftlichen Gewinn gearbeitet werden muss. Arbeitslos dagegen bleiben die normalen gehörlosen Hauptschulabgänger, ein wirklich sehr paradoxer Zustand. Insofern sind wir froh, dass Birgit einen festen Arbeitsplatz gefunden hat.

Birgit ist uns als ihre früheren Pflegeeltern weiterhin eng verbunden. Sie schreibt uns regelmäßig Postkarten in meist fehlerfreiem Deutsch, vor allem zu unseren Geburtstagen, aber auch, wenn sie mit ihrer Arbeitsgruppe in der beschützenden Werkstatt auf einer Reise ist, was jedes Jahr einmal vorkommt. Sie hat in ihrer Werkstatt sogar einen langjährigen Freund gefunden, der sie auf ihren Fahrten begleitet.

Sie besucht uns meist einmal im Jahr im Herbst, in den letzten Jahren in Begleitung ihres Freundes August Wilhelm. Sie erzählt dann sehr intensiv über ihre Erlebnisse im vergangenen Jahr und will auch von uns alles Neue erfahren.

Birgit ist von uns mit ihrer hohen Fistelstimme nicht mehr so gut zu verstehen wie früher. Das ist das Problem fast aller gehörlosen Schulabgänger. Nach der Schulzeit fehlt die ständige Korrektur ihrer Aussprache durch einen Gehörlosenlehrer, und im Laufe der Jahre verschlechtert sich das Sprechen und ist für Fremde dann nur schwer zu verstehen, sodass erwachsene Gehörlose oft die Schrift benutzen müssen, um von den Hörenden richtig verstanden zu werden. Ihre privaten Kontakte haben sie ohnehin in ihren Gehörlosenvereinen, wo sie sich mit Gebärden unterhalten.

Birgit ist inzwischen 50 Jahre alt geworden, für uns frühere Pflegeeltern fast unvorstellbar. Birgit hat durch ihre Beschulung ein freies und überwiegend selbstbestimmtes Leben führen können, und sie kann in ihrem Umfeld ohne größere Schwierigkeiten kommunizieren. Sie ist immer noch fröhlich und unkompliziert.

Wir mögen uns nicht vorstellen, was aus ihrem Leben geworden wäre, wenn Birgit in ihrem Pflegeheim hätte bleiben müssen. Selbst wenn sich nach Jahren ein anderer Gehörlosenlehrer um sie gekümmert hätte, wäre es für eine richtige Beschulung und für ihre Sprachentwicklung zu spät gewesen. Dies habe ich leider bei anderen Schülern meiner Mehrfachbehindertenklassen erleben müssen; denn spätestens mit 12 Jahren ist die Fähigkeit, die Sprache lernen zu können, naturgemäß endgültig vorbei. Für Birgit kam die Beschulung gerade noch rechtzeitig, um nicht nur die Sprache, sondern auch das Sprechen zu lernen. Darüber sind wir sehr froh.

w. Birgits Brief über den Tod ihrer Mutter

Auch in diesem Jahr schrieb Birgit meiner Frau zum Geburtstag einen Brief. Es ist ein trauriger Brief, in dem sie uns mitteilt, dass nach ihrem Vater nun auch ihre Mutter gestorben ist. Dennoch möchte ich diesen Brief ans Ende meines Berichtes stellen.

Der Brief zeigt, wie gut Birgits Sprachbeherrschung geworden und geblieben ist; denn in Rechtschreibung und Grammatik liegt sie sogar über dem Niveau vieler gehörloser Realschulabgänger.

Birgit schreibt in dem Brief ganz sachlich und ausführlich über die letzten Monate im Leben ihrer Mutter. Emotionale Äußerungen über ihre Traurigkeit findet man in dem Brief nicht. Doch das sagt nichts über Birgits wirkliche Traurigkeit. Es ist typisch für Gehörlose, dass sie zwar Sachverhalte schildern können, aber sprachlich nicht in der Lage sind, über ihren Seelenzustand zu schreiben, außer eventuell mit einer kurzen Mitteilung wie: „Ich bin froh" oder „ich bin traurig."

Wie Birgit schrieb, wird sie wohl weiterhin in ihrem Elternhaus wohnen bleiben. Sie erbt ja das halbe Haus und bekommt darin eine eigene Wohnung. Bei allen Behördenangelegenheiten wird ihr nun ihr Bruder helfen müssen; aber ansonsten wird Birgit ihr eigenständiges Leben fortsetzen können.

Liebe Frau Eckel!

Wir gratulieren Ihnen herzlich zum Geburtstag und wünschen Ihnen viel Erfolg für Ihr neues Lebensjahr. Meine Mutter ist im Februar 2011 gestorben. Sie hat 6 ½ Monate auf der Intensivstation im Krankenhaus Lüneburg gelegen. Danach ist sie vom Krankenhaus Lüneburg nach St. Georg ins Krankenhaus verlegt, weil sie in St. Georg operiert worden ist. Sie ist vom Krankenhaus St. Georg wieder nach

Lüneburg ins Krankenhaus und später nach Boberg ins Querschnittsgelähmtenzentrum des Unfallkrankenhaus verlegt. Sie war 6 Wochen zu Hause. Sie hat Pflegedienst gehabt. Ich übernehme bald eine Wohnung von meiner Mutter. Mein Bruder hat mir erzählt.

Viele Grüße Ihre Birgit H. und August Wilhelm K.

3. Das Contergankind Beate

Beate wurde mir vom Contergankinder-Hilfswerk als taubes Kind gemeldet. Ich schrieb den Eltern einen Brief, bot meine Hilfe als Gehörlosenlehrer an und nannte einen Termin für einen Hausbesuch.

Wie Beates Mutter mir später mitteilte, weinte sie vor Erleichterung, als sie meinen Brief erhielt. Beate war inzwischen drei Jahre alt, und nach den Untersuchungen nach Beates Geburt hatte sich niemand mehr um sie und ihr Kind gekümmert, und sie als Mutter erlebte jeden Tag, wie behindert ihr Kind war, und sie blieb mit ihren Sorgen ganz allein. Doch nun endlich sollte ja sachkundige Hilfe kommen.

Beate war volltaub ohne Hörreste, und sie hatte leider eine Paralyse ihres Gesichtes, also eine vollständige Lähmung. Ihr Mund blieb immer offen, und Sprechen lernen war bei ihr nicht möglich.

Anhand der Erstdiagnose konnte ich aus ihrer Akte weitere Schäden entnehmen: Missbildung an der linken Hand, Hüftdysplasie, Nierenmissbildungen, Schulterdeformierung, Störungen im Gleichgewicht, Augenmuskellähmung, keine Sprache, verhaltensgestört und geistig retardiert.

Hüftdysplasie, Schulterdeformierung und Gleichgewichtsstörungen führten bei Beate zu einer

Bewegungsstörung. Sie lief auch in späteren Jahren immer gebückt und mit hängenden Armen umher. Zudem war sie sehr unruhig und konnte sich nur schwer und nur kurzzeitig auf eine Aufgabe konzentrieren.

Diese starke Unruhe erlebte ich auch bei den anderen Contergankindern, die ich im Kleinkindalter im Elternhaus besuchte. Ich war zuerst geschockt, wie mühsam sich die Früherziehung gehörloser Kleinkinder zeigte. Erst später, als ich auch taube Kleinkinder ohne Schädigungen durch Contergan erlebte, merkte ich, dass diese viel ruhiger und viel leichter zu beschulen waren. Die starke Unruhe war durch Contergan bedingt.

Zur Erleichterung ihrer Mutter hatte ihr unruhig umherlaufendes Kind als Dreijährige wenigstens eine Beschäftigung gefunden, die sie gerne tat: Beate bekam eine Schere ohne Spitze und schnitt mit Begeisterung Bilder aus. Ihre Mutter besorgte sich Kataloge aller Art, um ihrer Tochter auf diese Weise eine Beschäftigung zu ermöglichen.

Dieses Interesse an Bildern konnte ich für eine erste Beschulung Beates nutzen, vor allem, als meine Bildserie zur Sprachförderung gedruckt worden war. Beate war an allen Bildern von Gegenständen und Personen interessiert, und ich hielt die Bilder neben meinen Mund und sprach währenddessen die Namen für die Bilder aus.

Beate war auch an den Bildern des Intelligenztests für gehörlose Kinder interessiert, und als sie etwas älter war, konnte ich eine normale Intelligenz bei dem Mädchen feststellen. Das war immer die wichtigste Voraussetzung für meine künftige Arbeit mit einem Kind.

Als Arzt oder als Behindertenlehrer gewöhnt man sich ja an viele an sich traurige Schicksale. Taube Kleinkinder waren für mich alltäglich, und wenn sich bei einem Intelligenztest herausstellte, dass das Kind normal oder sogar gut begabt war, so war das für mich ein frohes Ereignis, weil ich dann der Mutter Arbeitsmöglichkeiten für eine gute Entwicklung ihres Kindes aufzeigen konnte. Traurige Fälle waren die Kinder, die bei diesem Test nur ganz schwache Leistungen zeigten, weil ich dann den Eltern nur sehr wenige Fördermöglichkeiten nennen konnte.

Bei Beate brauchte ich zuerst neben meinen Bildern auch noch unterschiedliches Lernspielzeug, das ich mit finanzieller Hilfe des Contergankinder-Hilfswerks hatte kaufen können. Beate war zu unruhig, um sich längere Zeit auf eine Sache konzentrieren zu können. Doch Beates Mutter arbeitete nach meinen Vorschlägen gut mit, und so zeigten sich bald Erfolge.

Beate war bei all ihrer Unruhe sehr neugierig und interessiert an allem Neuen, und so lernte sie im Laufe der Zeit eine große Anzahl von Wörtern anhand der Bilder vom Mund abzulesen. Auch die Schrift unter den Bildern lernte Beate vorerst auswendig zu lesen; das war sehr wichtig für sie, weil das Schriftbild als Namensgeber ganz eindeutig ist und auf Dauer feststeht, während Mundbewegungen flüchtig und für Gehörlose nicht so deutlich sind wie Bilder.

Nach der Einschulung in meine Mehrfachbehindertenklasse lernte Beate richtig Lesen und Schreiben, und sie lernte einen großen Wortschatz. Sie war nun etwas ruhiger geworden und folgte aufmerksam meinem Unterricht und der Einzelarbeit mit ihr, nur dass sie sich mündlich nicht äußern konnte.

Normalerweise benutzen Gehörlose, wenn sie nicht oder nur schlecht das Sprechen lernen können, die Gebärden, die sie vom Lehrer oder von anderen Gehörlosen lernen. Doch Beate wählte einen neuen Weg für ihre Kommunikation. Sie hatte inzwischen gelernt, recht schnell und dennoch leserlich zu schreiben.

Beate hatte immer einen Schreiber und einen Schreibblock bei sich. Wenn sie etwas wissen wollte, ging sie zu der betreffenden Person, schrieb ihre Frage auf den Block und bat um eine schriftliche Antwort. Das geschah auch und besonders in den Schulpausen. Beate lief krumm und mit schlenkernden Armen durch die Gegend und wollte vorwiegend von Lehrkräften Auskünfte haben, die diese ihr auch gerne mitteilten. Andere Gehörlose waren für Beate nicht so interessant, und umgekehrt erst recht nicht, da Beate nicht richtig gebärden konnte.

Beate machte weiterhin gute Fortschritte, konnte aber bei der Aufteilung der Klasse während meiner Krankheit nicht in die bessere Gruppe übernommen werden, da sie nicht sprechen konnte. Ich weiß nicht viel über ihren weiteren schulischen Werdegang, da ich nun eine andere Klasse hatte, und ich weiß auch nicht, wie sie heute ihre Tage verbringt, da ich sie in der beschützenden Werkstatt in Hamburg-Berne nicht gesehen habe.

Als Beate schon längst ihre Schulzeit beendet hatte, rief ihre Mutter bei mir an und bat, uns besuchen zu dürfen, da ihre Tochter sehr darauf drängte. Wir erfüllten gerne ihren Wunsch, und ich war auch neugierig, was aus Beate geworden war.

Beate kam mit ihrem Schreibblock und stellte mir viele Fragen über mich, meine Arbeit, meine Familie, meine Kinder und vieles mehr.

Beate konnte leider nie Sprechen lernen und darum kein normales Leben als Gehörlose führen. Aber wenigstens ist sie auf Dauer in der Lage, zu kommunizieren, Wünsche zu äußern und Fragen zu stellen, um sich zu informieren.

4. Das Contergankind Katharina

Auch Katharina war ein mehrfachgeschädigtes Contergankind. Außer ihrer Taubheit hatte sie eine Gesichtslähmung, und zwar eine Paralyse mit offenem Mund, so dass sie nicht sprechen lernen konnte. Im Gegensatz zu Birgit und Beate war Katharina ein äußerst zurückhaltendes Kind. Kontakt hatte sie nur zu ihrer Pflegemutter, auch andere Kinder ihrer Klasse schienen ihr gleichgültig zu sein. Ich hatte den Eindruck, dass Katharina autistisch war, dafür spricht, dass sie wie andere Autisten zum Schreiben die stützende Hand ihrer Pflegemutter brauchte.

Hinzu kam, dass Katharina zu alledem noch einen schweren Augenschaden hatte, einen Tunnelblick, der sie nur das sehen ließ, was sich unmittelbar in ihrem Blickpunkt befand. Die Umwelt ringsum konnte sie nicht wahrnehmen, weder durch Hören noch durch Sehen. Vielleicht war auch das ein Grund, dass Katharina keinen Kontakt zu ihren Sitznachbarn in der Klasse fand.

Dagegen hatte Katharina, soweit ich mich erinnere, eine normale Intelligenz, jedenfalls lernte sie Lesen und Schreiben. Sie verstand vieles, konnte sich selbst jedoch nicht äußern, auch nicht selbständig durch die Schrift.

Ich lernte Katharina als Kleinkind im Alter von 3 Jahren kennen. Sie wirkte sehr klein und zart. Sie reagierte interessiert auf Spielzeug und Arbeitsmaterial. Leider hatte ihre Mutter nicht viel Zeit für eine intensive Frühförderung, da sie, soweit ich mich erinnere, insgesamt fünf Kinder hatte, mit deren Versorgung und Betreuung sie voll ausgelastet war.

Um dem so schwer geschädigten Kind eine Chance für sein weiteres Leben zu geben, entschieden sich die Eltern, ihr Kind in die Obhut einer anderen Frau zu geben, die bereit war, für das Kind zu sorgen und es zu fördern. Diese Frau, eine ausgebildete Kindergärtnerin, nahm das Kind zu sich in ihre Wohnung; sie war eine mütterliche, liebevolle, aber auch eine sehr energische Frau, wenn es um Katharina ging, und es dauerte nicht lange, dass eine feste Bindung des Mädchens an diese Frau entstand, die sich für das Kind aufopferte, so sehr, dass die Förderung dieses Kindes ihre Lebensaufgabe wurde.

Im Alter von 6 Jahren kam Katharina in meine Mehrfachbehindertenklasse, und zwar zusammen mit ihrer Pflegemutter. Diese sagte, dass sie Katharina in der Schule nicht allein lassen könnte, das wäre für dieses so schwer geschädigte Mädchen nicht zumutbar, und ohne ihr Dabeisein könnte Katharina die Schule nicht besuchen.

Um für Katharina den Schulbesuch zu ermöglichen, stimmte ich schließlich zu. Es war mir nicht angenehm, auf Dauer eine fremde Person in meinem Unterricht zu haben, die mich und meine Arbeit sicher auch beurteilte, wenngleich sie keine Kritik daran äußerte. Wenn man als Lehrer mit seiner Klasse allein ist, kann man auch mal für einen Augenblick Pause machen und sich entspannen, z.b., wenn die Kinder schriftlich beschäftigt sind. Dies war mir unter der dauernden Beobachtung eines anderen Erwachsenen nicht möglich.

Andererseits war Katharinas Pflegemutter eine sehr nette Frau, und wenn sie zwischen den Kindern saß, half sie mir auch oft, indem sie darauf achtete, dass die Kinder Blickkontakt zu mir hielten, was für das Ablesen der Wörter vom Mund ja Voraussetzung ist. Und sie half auch anderen Kindern bei der schriftlichen Arbeit. So gewöhnte ich mich an sie, und es entstand sogar eine lockere freundschaftliche Arbeitsbeziehung zwischen uns.

Katharina passte immer gut auf und ließ sich nicht ablenken. Sie lernte gut zu schreiben und meist ohne Fehler. Allerdings fragte ich mich manchmal, was Katharinas eigene schriftliche Arbeit war, und was die Arbeit der Pflegemutter, die ja beim Schreiben stets die Hand halten musste. Doch ich kann mir nicht vorstellen, dass bei dem handgestützten Schreiben eine so saubere und exakte Schrift entstehen konnte, wie Katharina sie schrieb, wenn es nicht ihre eigene Schrift gewesen wäre. Ich denke, wenn die Pflegemutter Katharinas Hand total gesteuert hätte, wäre wohl eine sehr krakelige Schrift zustande gekommen, wenn überhaupt.

Während meiner langwierigen Krankheit wurde meine viel zu große Klasse geteilt, und Katharina kam wegen ihrer Unfähigkeit zu sprechen in die schwächere Gruppe. Danach verlor ich sie aus meinem Blickfeld. Zu der Feier meiner Pensionierung kam auch Katharinas Pflegemutter. Sie schenkte mir einen wunderschönen, handgeknüpften Wandteppich, den ihre Pflegetochter für mich angefertigt hatte. Und sie erzählte mir über Katharinas Leben.

Katharina konnte mit ihrer schweren Behinderung selbst in einer beschützenden Werkstatt nicht arbeiten; Sprechunfähigkeit, ihr Augenschaden und wohl auch ihr Autismus ließen eine Integration in eine Gruppe anderer Behinderter wohl nicht zu. Sie lebte nach wie vor isoliert bei ihrer Pflegemutter; zu ihrer leiblichen Mutter wollte Katharina keinen Kontakt mehr, wie mir diese Jahre später leidgeprüft erzählte.

Was hat Katharinas Beschulung bei ihren so schweren Schädigungen gebracht? Auf jeden Fall das Ausbleiben einer tödlichen Langeweile, der sie sonst bei ihrer Behinderung ausgesetzt gewesen wäre. Wie mir ihre Pflegemutter erzählte, hat Katharina am Computer das Programmieren gelernt. Die Möglichkeiten des Computers sind so vielfältig und interessant, dass sie ein ganzes Leben ausfüllen können, wie wir ja auch von gesunden Jugendlichen wissen. Katharina hat sogar die vielen englischsprachigen Erklärungen und Begriffe gelernt, die sie für ihre Arbeit am Computer brauchte.

Ich weiß nicht, wie es Katharina heute geht, wo sie bald 50 Jahre alt wird; ich habe keinen Kontakt mehr zu ihr und zu ihrer Pflegemutter. Ich hoffe, dass diese noch lebt, und dass sie zu ihren Lebzeiten dafür sorgen kann, eine neue Heimstatt für Katharina zu finden, wo diese geliebt wird, und wo sie ihren so eingeschränkten Fähigkeiten weiterhin nachgehen kann; denn eine Überstellung dieser Frau nach dem Tod ihrer Pflegemutter in ein beliebiges Heim würde Katharina bestimmt todunglücklich machen. Ich hoffe, dass ihr dieses Schicksal erspart bleibt.

5. Die Contergankinder Peter und Monika

Im Januar 1964 begann ich mit der Früherziehung gehörloser Contergankinder, die mir vom neu gegründeten Contergankinder-Hilfswerk als hörgeschädigt gemeldet worden waren. Peter war das erste Kleinkind, das ich damals im Elternhaus aufsuchte.

Peters Mutter hatte sich in ihrer Not schon selbst bemüht, ihren tauben Sohn zu fördern. Sie hatte sich Arbeitsmittel und Hilfen besorgt, und da es in Norddeutschland die Früherziehung hörgeschädigter Kleinkinder vor dem Eintritt in den Gehörlosenkindergarten noch nicht gab, hatte sie sich in Schriften aus den USA über diese Arbeit informiert.

Leider machte Peters Mutter dabei einen entscheidenden Fehler: Da sie keine Kindergärtnerin war, benutzte sie zur Förderung ihres Sohnes die schulische Methode. Das geht aber nicht bei Kleinkindern. Deren Arbeit muss absolut freiwillig bleiben; die Anregungen zur Arbeit dürfen dem Kleinkind nur spielerisch angeboten werden in der Hoffnung, dass das Kind Interesse zeigt, und sie müssen sofort abgebrochen werden, wenn das Kind keine Lust mehr hat.

So geschah es, dass Peter nach einiger Zeit alle Arbeitsmittel mit dem Arm vom Tisch fegte, sobald seine Mutter mit gequältem Lächeln damit zu ihm kam. Sie war deshalb schon ganz verzweifelt. Als ich bei dem Jungen die Frühförderung übernahm, durfte ich in den ersten Wochen mit dem Jungen nur zweckfrei spielen, bevor ich ihm die erste Aufgabe stellen konnte. Doch dann akzeptierte Peter die Aufgaben und machte gute Fortschritte.

128

Bei der gleichaltrigen Monika gab es in der Frühförderung keine solchen Schwierigkeiten; doch ich erinnere mich, dass das Kind sehr unruhig war, sodass ich immer nur kurzfristig mit ihm arbeiten konnte und dazwischen Pausen einlegen musste. Das war bei fast allen Contergankindern so im Gegensatz zu den tauben Kindern anderer Schädigungsursache, die wesentlich ruhiger waren.

Peter und Monika hatten zum Glück außer ihrer Taubheit keine weiteren Schädigungen durch Contergan erlitten. Sie hatten nach meinen Testergebnissen auch eine normale bis gute Intelligenz. So kamen sie später in den Gehörlosenkindergarten und im Schulalter gemeinsam in eine normale Klasse der Hamburger Gehörlosenschule, wo sie gute Fortschritte machten.

Danach verlor ich die beiden für ein paar Jahre aus meinem Blickfeld, bis ich sie bei Veranstaltungen des Hamburger Contergankinder-Hilfswerks wiedertraf. Dieser Ortsverband war sehr aktiv in der Förderung aller Contergankinder. Die an den Gliedmaßen geschädigten Kinder bekamen zuerst eine spezielle Physiotherapie durch Therapeutinnen, die sie auch in ihren Elternhäusern aufsuchten; später gab es für diese Kinder therapeutischen Reitunterricht, und noch später gab es für die Jugendlichen Bildungsreisen in ganz Europa und im Winter Skikurse in Österreich.

Peter und Monika machten jedes Jahr begeistert bei den Skikursen mit, an denen ich privat auch teilnahm. Und sie waren oft bei den Bildungsreisen dabei, die uns nach Griechenland, Frankreich, Österreich, Israel und in die Türkei führten.

Meine Aufgabe war dabei, als Gehörlosenlehrer bei den Vorträgen der Reiseführer dessen Ausführungen simultan in Gebärden zu übertragen, damit die Gehörlosen sie auch verstehen konnten.

Das war eine recht schwierige Aufgabe; denn ich musste beim Gebärden gleichzeitig dem Reiseführer zuhören und überlegen, welche Auswahl an Mitteilungen ich den Gehörlosen zumuten konnte, da bei ihnen der Wortschatz durch ihre Behinderung bedingt wesentlich geringer war als bei Hörenden. Und oft musste ich zusätzlich mit Bewegungen Theater spielen, um Sachzusammenhänge schnell klarzustellen.

Bei den Vorträgen stand ich immer neben dem Reiseführer, und alle hörten dem Reiseführer zu, schauten dabei aber mich an, weil es für sie interessanter war, mir bei meinen Verrenkungen zuzusehen. Als wir bei der Israelreise in Jerusalem in der Nähe der Klagemauer standen, erwähnte der Reiseführer, dass Männer und Frauen getrennte Bereiche zum Beten hatten, damit sie nicht durch das andere Geschlecht vom Gebet abgelenkt werden konnten.

Plötzlich wurde der Vortrag durch ein lautes Gelächter unterbrochen. Ich hatte, um mich unter Zeitdruck möglichst klar auszudrücken, durch Hüftschwünge und liebevolle Seitenblicke mit Küssen in die Luft klargemacht, warum Männer und Frauen an der Klagemauer getrennt sein sollten. Das war der Grund für die Heiterkeit.

Peter und Monika, die sich ja schon seit ihrer frühen Kindheit kannten, waren schon seit langem befreundet und allmählich zu einem Liebespaar geworden. Bei den Reisen waren die zwei immer eng beieinander. Zu den anderen behinderten Jugendlichen hatten sie kaum Kontakte, da eine sprachliche Verständigung für kurze Mitteilungen zwar möglich war, aber für Unterhaltungen für beide Seiten zu mühsam gewesen wäre.

Lange Jahre später hatte ich Gelegenheit, Peter und Monika einmal in ihrer Wohnung zu besuchen. Sie waren verheiratet und hatten zwei nette Kinder, die hören konnten, da bei den Eltern ja keine erbliche Belastung vorlag. Beide Eltern hatten gute Berufe gelernt und gut verdient, dass sie sich sogar ein Reihenhaus kaufen konnten mit einem kleinen Garten zum Spielen der Kinder. Dieser Erfolgsbericht ist nichts Besonderes. Gehörlose führen ein ganz normales Leben wie die Hörenden, wenn sie eine gute Ausbildung haben. Sie arbeiten meist in einem Beruf, in dem wenig Publikumsverkehr ist; denn nur ihre vertrauten Mitarbeiter können ihr etwas mühsames Sprechen gut verstehen. Gehörlose heiraten meist untereinander, und in ihrem Privatleben treffen sie sich oft in ihren Gehörlosenvereinen, in denen sie sich mit Gebärden ohne Probleme gut unterhalten können.

6. Das Contergankind Daniel

Daniel habe ich im Frühjahr 1964 nur für kurze Zeit in der Hausspracherziehung betreut. Später zog er mit seiner Familie nach Süddeutschland. Erst als jungen Mann sah ich ihn auf der Israelreise 1982 mit dem Hamburger Contergankinder-Hilfswerk wieder.

Daniel hatte durch Contergan zu seiner Taubheit Schäden an den Beinen erlitten, wegen derer er im Laufe der Jahre mehrfach operiert werden musste. Zudem war er im Wesentlichen an Dingen interessiert, weniger an Menschen, da er wie mehrere meiner Schüler autistische Tendenzen zeigte.

Trotz der kurzen Zeit meiner Betreuung in der Früherziehung konnte sich Daniel an mich erinnern und nahm über seine Mutter nach Jahrzehnten kurz vor Drucklegung dieses Buches wieder Kontakt zu mir auf.

Daniel schrieb mir einen Brief und legte einen Lebenslauf bei, den er selbst geschrieben hat. Mich hat dieser Lebenslauf sehr beeindruckt. Er zeigt, wie Daniel trotz seiner vielen Beinoperationen sein Leben meisterte, einen Beruf erlernte und auch viele Reisen unternehmen konnte. Deshalb habe ich diesen Bericht mit seiner Zustimmung in dieses Buch aufgenommen. Die einzige Änderung, die ich vornahm, betrifft die Kürzung der Nachnamen auf den Anfangsbuchstaben.

Zum besseren Verständnis des folgenden Lebenslaufes möchte ich noch diese Hinweise geben: Daniels Vater hatte beruflich eine führende Position. Das bedingte wohl die häufigen Umzüge; aber andererseits ermöglichte es seiner Familie die vielen gemeinsamen Reisen. Daniel arbeitet nun in einer Behindertenwerkstatt als Schreiner und wohnt dort auch.

Name: Christoph Daniel C.

Geb.tag: 6.3.1961,   Geb.ort: Hamburg-Rissen

Hobbys: Schwimmen, Sauna, Reisebüro, Spazieren, Ausflüge und Urlaub.

Dort war ich schon: Rügen, Österreich, Schweiz, Italien, Ungarn, Frankreich, Beneluxländer, Spanien, Skandinavien, GUS, Baltikum, USA, Karibik, Sri Lanka, Malediven, Israel, Tansania, Marokko in Afrika.

<u>Lebenslauf</u>

<u>1961:</u> 17.15 Uhr bin ich geboren in AKH Rissen Haus 3 von Renata C., geb. de la C.

Universität Krankenhaus Eppendorf, Kinderklinik, war sehr krank im Bauch, habe viel gespuckt. Eine Nottaufe und Operation, ich hatte einen Magenkrampf. Danach kam ich zu meinen Eltern.

<u>1962:</u> Beide Beine im Gips, sie waren krumm. Dann bekam ich eine Schiene. Ferien nach Kirchseeon bei Fam. A., meinem Patenonkel.

<u>1964:</u> Sprachüben bei Herr Walter E. aus der Gehörlosenschule.

1965-66: Privatklinik Dr. G., beide Kniegelenke OP. Gehörlosenkindergarten bei Frau B.. Ferien nach Kampen (Sylt) und Kirchseeon. Ich habe Lego gespielt. 1967: Sprachunterricht bei Herr B., Privatklinik Dr. G., beide Füße OP.

1968:Umzug von Hamburg nach München, Specklinplatz 14. Ferien nach St. Pons in Südfrankreich bei Freunden Familie K. Ich konnte nicht in die Sprachheilschule Birkenstraße, dort waren viele Treppen. Max Planck Institut für Psychiatrie, Autismus-Abteilung. Kindergarten und Schule bei Frau B. und P.

1969: Wieder Ferien in St. Pons. Umzug von München nach Konstanz, Eichhornstraße 18. Aufnahme in die Bildungsstätte am Döbeleplatz bei Frau S.

1970: Sturz bei Glatteis, bekam einen Gips und Rollstuhl, Privatklinik Dr. G. in Hamburg, rechtes Bein Pseudarthrose OP.

1972: Kantonsspital Münsterlingen, Mandel OP, Gehörlosenschule in Wilhelmsdorf bei Ravensburg.

1974-76: Kantonsspital St. Gallen Hüften OP und beide Ohren OP. Ferien in Insel Elba (Literno) und Firenze. Schwerhörigenschule in Altshausen. Holzfuß für beide Schienen und bin ganz groß. Ferien in Plozevet und Paris.

1977-79: Umzug nach Litzelstetten, Im Baumgarten 6, bekam ein Einzelzimmer. Berufsschule für Hörgeschädigte Paulinenpflege Winnenden. Kantonsspital St. Gallen und linke Fuß-Planstellung OP. Ferieninsel Elba (Patresi) und Roma. Ferien in USA und Tortola (BVI). Heimsonderschule Bruckfelden, Werkstufe in Föhrenbühl.

1980: Ferien Zell am Moos (Dorferwirt). WfbM St. Firmin in Singen (Hohentwiel).

1981-91: Dorfgemeinschaf Hermannsberg zur Schreinerei Aufnahme und Wohnen im Landhaus, Hölzle, Bauernhaus,

Waldhaus und Häusleösch, 8 x Umzüge. Ferien in Skandinavien.

1992-94: Unfall im Schwaketenbad in Konstanz und halbes Jahr konservative Behandlung, ohne OP, aber Gips im Rollstuhl rechtes Bein. Langsam Callusbildung bei Dr. T. im Städt. Krankenhaus in Konstanz. Ferien Madrid und Deutschland. USA mit Udo und Linda O. von Hermannsberg.

1995-97: Umzug im Hofrain. Ferien in Ostdeutschland. ZfP Weissenau, wegen meiner Unruhe in Hermannsberg. Aufnahme in der Stiftung Liebenau-Hegenberg Hil 12. Schreinerei in Liebenau.

1998-99: Ferien Bayern und München. Umzug Haus St. Martha in Bad Waldsee bis zum 5.11.2005. Rechte Kniescheibe Partella gebrochen und OP im Klinikum in Konstanz. Sturz an der Ampel am Bahnhofsplatz in Konstanz.

2000: Rechte Kniepartella Draht heraus, OP in Konstanz.

2001-10: Umzug zur BBW Adolf Aich im neuen Schreinereizentrum in Ravensburg. Umzug zur Brauhausvilla in Ravensburg. Neue Hochleistungshörgeräte, kann gut hören und besser sprechen.

2011: 50. Geburtstag. Großes Fest.

7. Mein geheimes Mitwirken in der Politik

Der Vater eines gehörlosen Contergankindes wollte etwas für diese Kinder erreichen und wollte den Hamburger Senat, die Hamburger Regierung, aktivieren. Er hatte einen freundschaftlichen Kontakt zu einem SPD-Mitglied der Hamburger Bürgerschaft, dem Hamburger Parlament. Das Bundesland Hamburg wurde in dieser Zeit von der SPD regiert.

Der Vater veranlasste diesen Bürgerschaftsabgeordneten, im Jahr 1965 eine Anfrage an den Hamburger Senat zu stellen, was in Hamburg für die hörgeschädigten Contergankinder geleistet würde. Eine solche offizielle Anfrage eines Abgeordneten musste in kurzer Zeit beantwortet werden. Dies geschah in Form eines Briefes des Senats, der allen Abgeordneten übergeben wurde. So kam dieser Brief über den Vater des Contergankindes auch in meine Hände.

Ich war aufs Äußerste empört über diesen Antwortbrief. Er war ein Musterbeispiel dafür, die Unwahrheit zu sagen, ohne direkt zu lügen. Alles wurde beschönigt, jede interne Kritik vermieden, wie es auch heute noch in Politikerinterviews im Fernsehen bis zum Überdruss und bis zur Unglaubwürdigkeit geschieht.

So wurde in dem Brief alles aufgeführt, was es an Hilfen für hörgeschädigte Kleinkinder gab. Der Gehörlosenkindergarten wurde erwähnt, und wahrheitsgemäß stand in dem Brief, dass dort 27 gehörlose Kleinkinder betreut wurden.

Aber es stand nichts darin, dass wegen totaler Überfüllung dieses Kindergartens noch kein einziges Contergankind aufgenommen werden konnte, dass eine Warteliste von über 30 Kindern im Kindergarten bestand, und dass wegen Mangel an Kindergärtnerinnen und vor allem wegen der untragbaren räumlichen Gegebenheiten im Kindergarten gehörlose Kleinkinder erst ab 5 Jahren aufgenommen werden konnten, viel zu spät für eine gute sprachliche Früherziehung.

Dass der Kindergarten als Gast in einem fremden Schulgebäude keine eigene Küche besaß, und dass das Essgeschirr der Kinder äußerst unhygienisch im Vorraum einer Toilette gespült werden musste, war gleichfalls nicht erwähnt worden.

Dagegen wurde stolz darauf hingewiesen, dass es an der Gehörlosenschule sogar eine Beratungsstelle für die Eltern hörgeschädigter Kleinkinder gebe, aber nichts darüber, dass ich derzeit für diese ganz neue Aufgabe nur für wenige Stunden vom Unterricht freigestellt war und demzufolge total überlastet war.

In meiner Empörung sagte ich zu dem Vater des Contergankindes, ich würde einen geharnischten Antwortbrief zur Richtigstellung dieses Senatsbriefes schreiben, vor allem, dass für die hörgeschädigten Contergankinder, die ja der Anlass für die Anfrage waren, noch gar nichts von staatlicher Seite geschehen war, und dass keines von ihnen bisher den Gehörlosenkindergarten besuchen konnte.

Mir war aber klar, dass ich als Beamter des Hamburger Bundeslandes selbst keine Kritik am Hamburger Senat äußern durfte; mir drohte sonst eine empfindliche Disziplinarstrafe. Eine Kritik eines Beamten an unzureichenden Bedingungen in seinem Arbeitsbereich ist nur erlaubt, wenn intern der „Dienstweg" eingehalten wird, das bedeutet, meine Kritik müsste über meinen Schulleiter und den zuständigen Schulrat und den Landesschulrat zum Schulsenator geleitet werden und könnte natürlich auf diesem langen Weg als unbegründet verworfen werden.

Deshalb sagte ich dem Vater, der der Verbindungsmann zur Bürgerschaft war, ich würde zwar diesen Brief schreiben; aber er dürfe nicht in meinem Namen veröffentlicht werden; der Absender dieses Briefes müsste das Hamburger Contergankinder-Hilfswerk sein. Das wurde mir zugesagt.

Nun führte ich in meinem Brief alle gehörlosen Contergankinder auf, die ich betreute, mit Namen, Alter, Schädigungen und Anschriften zum Nachprüfen, und wie lange sie schon für den Gehörlosenkindergarten vorgemerkt waren. Und ich beschwerte mich energisch über den beschönigenden Brief des Senats, der eine bewusste

Irreführung über den tatsächlichen Stand der Betreuung der hörgeschädigten Contergankinder war und auch sein sollte.

Aber ich nannte keinen einzigen Namen der von mir auch betreuten hörgeschädigten Kleinkinder, die nicht durch Contergan geschädigt worden waren; denn über diese Kinder konnte das Contergankinder-Hilfswerk ja nichts wissen. Ansonsten wäre ich schnell als der Schreiber dieses Protestbriefes enttarnt worden.

Der Bürgerschaftsabgeordnete der SPD wollte diesen Brief nicht in der Bürgerschaft diskutieren lassen, um der Opposition keine Munition gegen den Senat zu geben. „Der Senat soll seine dreckige Wäsche alleine waschen!", sagte er, und deshalb las er meinen Brief als Korrektur des Senatsbriefes in der SPD-Fraktion vor. Es wurde mir berichtet, dass es einen Riesenaufstand in der SPD-Fraktion wegen meines Briefes gegeben hatte. Die zuständigen Senatoren für Schule und Soziales wurden beschimpft und als Lügner bezeichnet.

Diese heftige Reaktion der Abgeordneten wird verständlich, weil in den ersten Jahren nach der schrecklichen Katastrophe durch Contergan die Öffentlichkeit sehr sensibilisiert war und großes Mitleid mit den betroffenen Kindern und ihren Eltern hatte. Dass diesen Kindern nicht sofort richtig geholfen wurde, war damals ein Skandal.

Doch diese Reaktion war nur eine Episode; denn jetzt ging alles seinen korrekten Gang. Als erstes musste überprüft werden, ob die Schilderungen in meinem Brief, offiziell der Brief des Contergankinder-Hilfswerks, auch den Realitäten entsprachen. Es wurde der Dienstweg eingehalten, der auch von oben nach unten gilt. Der Schulsenator übergab den Brief mit der Bitte um Klarstellung dem Landesschulrat, dieser dann dem Oberschulrat für das Sonderschulwesen, der übergab den Brief mit der gleichen Bitte um Klärung dem Leiter der Gehörlosenschule.

Und mein Schulleiter nahm mich eines Tages zur Seite und sagte: „Da hat das Contergankinder-Hilfswerk einen Beschwerdebrief über eine mangelhafte Betreuung der hörgeschädigten Contergankinder an den Senat geschrieben, und den soll ich auf Richtigkeit überprüfen und beantworten. Aber Sie sind ja der Fachmann auf diesem Gebiet. Deshalb bitte ich Sie, diesen Brief in einem neuen Schreiben an den Senat richtigzustellen."

So kam ich zu der Ehre, meinen eigenen Brief zu beantworten, und das hat mir mächtigen Spaß bereitet; denn in meiner offiziellen Stellungnahme brauchte ich mich ja nicht mehr nur auf die hörgeschädigten Contergankinder zu beschränken, sondern nun konnte ich auch mit genauesten Angaben über alle hörgeschädigten Kleinkinder berichten, auch über die, die nicht durch Contergan geschädigt waren, insgesamt über 30 Kinder, die auf einen Platz im Gehörlosenkindergarten warteten.

Mein Schulleiter las meinen Brief und stimmte mir zu, und nun ging der Brief über den Dienstweg wieder nach oben bis zum Schulsenator. Und die Leiterin des Gehörlosenkindergartens, die vom Sozialsenator auch um eine Stellungnahme zu meinem Brief aufgefordert worden war, hat bestimmt dieselben Angaben wie ich gemacht; denn sie hatte ja auch alle Unterlagen über die auf der Warteliste stehenden Kinder.

Danach geschah lange Zeit gar nichts. Behörden arbeiten nur dann schnell, wenn sie durch eine öffentliche Empörung unter Druck gesetzt werden; aber diese Öffentlichkeit gab es ja in diesem Fall nicht.

Aber eines Tages bekam der Gehörlosenkindergarten neue Räume zur Verfügung gestellt, mit einer gut ausgerüsteten Küche, und es wurden weitere Kindergärtnerinnen eingestellt. Es konnten trotzdem noch nicht alle hörgeschädigten Kleinkinder aufgenommen werden, die auf der inzwischen noch verlängerten Warteliste standen, aber doch die Mehrzahl von ihnen. Das Aufnahmealter lag nun unter 4 Jahren.

Und eines Tages kam die Leiterin des Gehörlosenkindergartens zu mir und bedankte sich bei mir für meinen Einsatz. Ich stellte mich doof und sagte: „Welcher Einsatz denn?" Aber die Leiterin lächelte nur und sagte: „Sie wissen schon Bescheid."

Für mich hatte diese Erfolgsgeschichte auch eine persönliche Meinungsänderung zur Folge. Ich war vorher der Auffassung gewesen, der einzelne Bürger könnte in der Politik gar nichts bewegen, außer in großer Masse bei einer Wahl oder bei Demonstrationen.

Aber nun erkannte ich, dass dies doch möglich ist, allerdings nur dann, wenn man als Bürger genaue Kenntnisse hat über das Gebiet, in dem etwas verbessert werden muss. Man muss in realistischer Weise aber auch erkennen, dass man selbst dann nur in ganz kleinen Schritten etwas verändern kann, und das auch nur in einer längeren Zeit und mit großer Zähigkeit.

Das Ganze ist nun über 45 Jahre her, und da ich keinen Mord begangen habe, hoffe ich, dass mein dienstliches Vergehen inzwischen verjährt ist und ich nicht mehr ein Disziplinarverfahren zu befürchten habe.

8. Schicksale hörender Contergankinder

Wie ich schon geschildert habe, nahm ich an vielen Bildungsreisen teil, die vom Hamburger Contergankinder-Hilfswerk veranstaltet wurden, teils als Dolmetscher für die gehörlosen Teilnehmer, zum Teil auch privat.

Dabei lernte ich auch viele durch Contergan geschädigte Jugendliche kennen, die nicht hörgeschädigt waren, und mit mehreren führte ich ernste Gespräche. Über vier dieser hörenden Jugendlichen und jungen Erwachsenen möchte ich hier berichten.

Auf einer Frankreichreise besichtigten wir gemeinsam Paris. Zu dem vielseitigen Programm gehörte auch der Besuch von zwei der großen Pariser Kaufhäuser, bei denen im Erdgeschoss traditionell nur die unterschiedlichsten Parfüms und kosmetische Pflegemittel angeboten wurden. Nach diesen Besuchen unterhielt ich mich mit einem wohl 15-jährigen Jungen unserer Gruppe, der nicht so sehr durch Contergan geschädigt war. Er war mittelgroß und eher zart im Körperbau und sah recht gut aus. Seine Arme hatten die normale Länge, nur seine Hände waren verkrüppelt und nach innen verdreht.

Der Junge erzählte mir ganz erstaunt, dass er in dem Kaufhaus und auch anderswo immer wieder von wildfremden Leuten Geld geschenkt bekam, und er fragte mich, warum es die Leute täten. Er war ein hübscher, nett und sympathisch aussehender Junge, den jeder gerne ansah, und ausgerechnet dieser ansprechende Junge hatte verkrüppelte Hände, und so erregte er bei vielen Leuten Mitleid, und sie schenkten ihm Geld.

Den stärker missgebildeten Jugendlichen, die keine Arme oder sogar keine Schultern hatten und dadurch fremd oder gar hässlich wirkten, geschah dieses Mitleid nicht, im Gegenteil, die Leute reagierten betroffen und hielten Abstand; mit solchen hässlichen Abnormitäten wollte keiner konfrontiert werden. Aber wie erklärt man ein solches entgegengesetztes Verhalten von Mitleid und perversem Abscheugefühl einem 15-jährigen Jungen?

Auf einer anderen Reise mit den durch Contergan geschädigten jungen Leuten hatte ich auf einem Abendspaziergang ein langes, in die Tiefe gehendes Gespräch mit einem sehr schwer geschädigten jungen Mann. Ihm fehlten nicht nur die Arme, sondern auch die Schultern.

Dadurch sah der Jugendliche sehr hässlich aus, wie ein Wesen von einem anderen Stern; denn der Mittelpunkt seines Körpers war sein breiter Unterleib, darüber verengte sich der Körper, auch schon seine Lunge, und lief schräge auf seinen Kopf zu. Seine Beine waren nicht geschädigt, und so war sein Körper oben und unten schmal und in der Mitte dick, so ähnlich wie bei einem Seehund oder Fisch.

Dieser Jugendliche klagte mir sein Leid über sein von vornherein zerstörtes Leben. Im Gegensatz zu den meisten anderen schwerbehinderten Contergan-Opfern, die von ihren Eltern mit besonderer Liebe betreut, erzogen und gefördert wurden, hatte dieser junge Mann keine Liebe empfangen. Seine Eltern fanden nicht die Kraft, ihn mit seinen Behinderungen zu akzeptieren, und gaben ihn gleich nach seiner Geburt in ein Pflegeheim.

Der Junge verbrachte seine Kindheit in mehreren Heimen für behinderte Kinder, wo er wohl eine Pflege, aber keine Liebe zu spüren bekam. Er hatte keine Freunde, war eigenbrötlerisch, in sich verschlossen und fand deshalb auch zu seinen anderen geschädigten Schicksalsgenossen in der kurzen Zeit der Reise keine Freunde; denn all diese durch Contergan schwergeschädigten Jugendlichen wollten wenigstens auf dieser Reise einmal fröhlich und unbeschwert sein, und hatten deshalb keine Lust, sich sozial zu engagieren für einen so schweigsamen Gefährten.

Natürlich war diesem jungen Mann auch klar, dass er nie eine Partnerin finden würde, die ihm die notwendige Liebe geben könnte, die jeder Mensch in seinem Leben braucht, will er nicht unglücklich bleiben. Und er wusste auch, dass er sein Leben lang abhängig von fremder Hilfe bleiben würde.

Dies war das traurigste Gespräch, das ich je mit einem Jugendlichen geführt habe, und ich konnte nichts für ihn tun, aber wenigstens konnte ich ihm geduldig zuhören.

Bei einer weiteren Reise übernachteten die durch Contergan geschädigten Jugendlichen und ihre Betreuer für eine Nacht in einem Hotel, das im Keller eine Sauna hatte. Da die Jugendlichen schon etwas älter waren, wurde ihnen auf ihre Bitten hin erlaubt, die gemischte Sauna unter Aufsicht zweier Erwachsener zu besuchen. Diese Erwachsenen waren der Vater eines durch Contergan geschädigten Mädchens und ich.

Nach dem ersten Saunagang und dem Duschen und Abkühlen saßen wir in einem warmen Ruheraum nackt auf unseren Badetüchern, mein Begleiter und ich in einer Ecke, die Jungen und Mädchen in ruhigen Gesprächen in einer anderen Ecke.

Plötzlich kam ein ungefähr 17-jähriges Mädchen zu uns älteren Männern, verbarg seine missgebildeten Arme hinter dem Rücken, stellte sich nackt vor uns und fragte, ob es einen schönen Körper hätte.

Da war keine Spur von Erotik, schon gar nicht von Eitelkeit oder Koketterie. Es war eine ganz ehrlich gemeinte Frage, die uns ängstlich und zaghaft gestellt wurde. Wir Männer sahen die seelische Not in den Augen des Mädchens, und so versicherten wir ihm natürlich, dass es einen schönen Körper habe, obwohl der Körper dafür noch etwas zu mager war. Danach senkte das Mädchen seinen Kopf und ging schnell wieder zurück, vielleicht etwas erschrocken und beschämt über das, was es getan und gefragt hatte.

Mich hat diese kurze Szene sehr nachdenklich gemacht. Die Mehrzahl der jungen Mädchen ist trotz gesunder Glieder mit ihrem Körper mehr oder weniger unzufrieden im Vergleich zu den Schönheiten in Presse und Filmen, und sie haben Ängste, die sich aber spätestens auflösen, wenn sie ihren ersten Freund gefunden haben.

Doch um wie viel stärker sind die Gefühle der Minderwertigkeit und die Ängste bei jungen Mädchen mit Behinderungen; Ängste, die diese Mädchen fast immer für sich behalten, außer sie trauen sich einmal sehr mutig, eine Frage zu stellen, und oft behalten sie diese Minderwertigkeitsgefühle, Depressionen und Ängste unausgesprochen ihr ganzes Leben lang.

Auf einer Reise des Hamburger Contergan-Kinderhilfswerks einige Jahre später in die Türkei lernte ich eine junge, durch Contergan geschädigte Frau kennen, die noch schwerer geschädigt war als der weiter oben geschilderte Mann. Sie hatte keine Arme und keine Schultern, sah mit ihrem breiten Becken sehr hässlich aus, und sie hatte zusätzlich Beinschäden. Sie konnte gestützt nur wenige Schritte gehen und saß außerhalb des Reisebusses immer in einem Rollstuhl.

Doch ausgerechnet diese schwerstbehinderte junge Frau war unter den anderen ferienfrohen Jugendlichen die allerfröhlichste, die bei jeder Gelegenheit lachte und bei gemeinsamen Liedern im Bus kräftig mitsang.

Der Grund für diese Fröhlichkeit war leicht ersichtlich: Diese Frau hatte trotz all ihrer Schäden einen Ehemann gefunden, der jung, groß und kräftig stattlich anzusehen war. Der Mann war sehr liebevoll um seine Frau bemüht, half ihr auf der Toilette und schob bei Besichtigungen stundenlang ihren Rollstuhl, und die meiste Zeit unterhielten sie sich sehr intensiv.

Erst im Laufe der Reise erfuhr ich, was mit dem Ehemann los war, obwohl es ihm nicht anzumerken war: Er war blind, konnte nur schwach Umrisse erkennen. Von all den Besichtigungen, bei denen er seine Frau im Rollstuhl schob, konnte er nichts erkennen und war auf die Erklärungen seiner Frau angewiesen. Die Hässlichkeit seiner Frau hatte er nie sehen können.

Er arbeitete als Masseur in einem städtischen Krankenhaus, war also finanziell abgesichert. Er lebte mit seiner Frau in einer kleinen Wohnung. Während seiner beruflichen Abwesenheit kam zweimal täglich ein Pflegedienst, um seiner Frau zu helfen, die zu Hause einen elektrischen Rollstuhl mit ihren Füßen selbst steuern konnte.

Im Gegensatz zu seiner auf der Reise stets lustigen Frau war er eher ein ernster Typ, der in Gesprächen unter anderem schilderte, wie er mit Versicherungen die finanzielle Existenz seiner Ehe zusätzlich verbessert hatte.

Diese so äußerst behinderte, aber trotzdem so lebenslustige Frau war mir ein Symbol dafür, wie die tiefe Liebe zweier Menschen zueinander auch schwerstbehinderte Personen verzaubern und ihr Leben vergolden kann.

Diese junge Frau hatte auf Grund ihrer Schäden wohl nie damit gerechnet, einen Partner kennenzulernen, und nun hatte sie dennoch einen stattlichen und charakterfesten Ehemann gefunden, der ihre Hässlichkeit nie sehen konnte und sie trotz aller Behinderungen innig liebte.

9. Bernd, eine gerettete Zukunft für das Leben

Mein Bericht über die Contergankinder ist beendet. Dennoch möchte ich in einem Zusatzteil über andere taube Kinder berichten, deren Zukunft für das Leben durch Ignoranz, Nachlässigkeit, zeitliche Überlastung oder einfach aus Gleichgültigkeit zerstört wurde, und über taube Kinder, deren Zukunft aus den gleichen Gründen in höchste Gefahr geriet, aus der sie nur durch einen glücklichen Zufall gerettet werden konnten.

Ein Beispiel dafür war unser Pflegekind Birgit, der durch skandalöse Gleichgültigkeit wegen eines Darmschadens die Beschulung in ihrer zuständigen Internatsschule für Gehörlose verweigert wurde, ein Verbrechen und fast ein Todesurteil für ihre Zukunft.

Ich muss befürchten, dass es auch heute nicht anders ist; auch wenn es in der Früherziehung hörgeschädigter Kleinkinder Fortschritte gegeben hat, doch die menschlichen Versagensfälle sind heute genauso vorhanden wie früher.

Falls ein Lehrer an einer normalen Schule über einen gesunden Schüler ungerechtfertigt eine negative Meinung hat, kann diese von anderen Lehrern oder in einer späteren Zeit korrigiert werden.

Wenn aber die Stummheit eines Kleinkindes falsch gedeutet wird, und es erfolgt keine sachgerechte Prüfung, wird das Kleinkind als schwachsinnig abgestempelt, kommt in ein Heim ohne entsprechendes Fachpersonal, und wenn die Zeit zum Erlernen der Sprache vorbei ist, ist die Zukunft dieses Kindes zerstört.

Falls das Versagen der Fachleute bei Birgit ein Einzelfall wäre, müsste man vielleicht nicht so besorgt sein. Aber mit Birgit habe ich in meinen zwei Mehrfachbehindertenklassen gleich neun dieser Fälle erlebt, von denen ich sechs schildern werde; bei drei dieser Kinder konnte ihre Zukunft durch Zufall noch gerettet werden; aber bei den anderen drei Kindern ging ihre Zukunft verloren. Nur 14 Schüler hatte ich in diesen beiden Klassen; über die Hälfte dieser Kinder wurde falsch beurteilt, ein erschreckend hoher Anteil, nur durch Fahrlässigkeit verursacht.

Als erstes berichte ich über Bernd, der sich bis zum Alter von 8 Jahren in dem Pflegeheim in Heide befand. Bei meiner Prüfung mit dem sprachfreien Intelligenztest schnitt Bernd am besten ab, als einziger hatte er eine vollkommen normale bis gute Intelligenz.

Bernd gehörte zu den vier tauben Kindern neben Birgit, die ich in diesem Pflegeheim als schulfähig erkannte. Doch meine Erkenntnis hätte nichts gebracht, wenn nicht die damalige Leiterin der Behindertenabteilung in der Hamburger Sozialbehörde meinen Untersuchungen vertraut hätte. Bernd war einer der vier gehörlosen Schüler, für die in Hamburg eine Art Miniheim bei einem Erzieher-Ehepaar eingerichtet wurde, um diese Kinder in meiner Mehrfachbehindertenklasse beschulen zu können.

Warum wurde bei Bernd seine gute Intelligenz nicht erkannt? Bernd war ein ganz stiller Junge, der sich in der ersten Zeit in meiner Klasse überhaupt nicht äußerte, sondern nur still dasaß und beobachtete. Er war kein Autist, aber vielleicht hatte er autistische Tendenzen. Es ist auffällig, dass unter den paar Schülern meiner ersten Mehrfachbehindertenklasse gleich drei Kinder diese Verhaltensweise zeigten.

Wenn ein taubes Kind in übergroßer Schüchternheit oder in seiner geistigen Isolierung überhaupt nicht auf Erwachsene reagiert, die auf ihn zugehen, entsteht leicht der Verdacht einer Schwachsinnigkeit. Bei einem hörenden Kind kann dies leicht festgestellt werden, auch von Laien, wenn das Kind im Alter von 4 Jahren immer noch nur rudimentär spricht.

Aber bei einem tauben Kind sollte auf jeden Fall von einem Gehörlosenlehrer schon vor Schulbeginn ein sprachfreier Intelligenztest durchgeführt werden. Und bei Bernd war die Taubheit diagnostiziert; denn alle Kinder in dem Heider Pflegeheim waren stark hörgeschädigt.

Bernds Schüchternheit wurde durch traumatische Erlebnisse ja noch verstärkt. Zuerst verlor er seine Eltern und kam in das Heider Heim, wo er sich an wechselnde Betreuerinnen gewöhnen musste, wo er keine Anregungen erhielt und keine Kontakte zu den anderen Kindern finden konnte. Er muss sehr unter Langeweile gelitten haben.

Zu seinem großen Glück reagierte er, als er durch die interessanten Aufgaben des sprachfreien Intelligenztests aus seiner Langeweile geholt wurde. Dass er hierbei seine gute Intelligenz zeigte, war die Voraussetzung für seine Rettung.

Doch zunächst musste er sich wieder an ein neues Umfeld gewöhnen, als er zu den Pflegeeltern in Hamburg gebracht wurde, und auch meine Schüler und ich selbst waren für ihn zunächst noch fremd. So beobachtete er zuerst nur meinen Unterricht ohne eigene Aktivitäten.

Aber allmählich fasste Bernd Vertrauen, und es gelang mir, ihm im Einzelunterricht Aufgaben zu stellen, die seinen geistigen Anlagen angemessen waren, und danach konnte ich mit Sprechübungen beginnen, die dann letztlich zu einem gut verständlichen Sprechen führten. Außerdem lernte er schnell Lesen und Schreiben.

Dennoch blieb Bernd stets ein sehr zurückhaltender Junge, der nur etwas sagte, wenn er im Unterricht dazu aufgefordert wurde. Auch zu seinen Klassenkameraden blieb er distanziert. Doch Bernd erreichte schließlich so gute Schulleistungen, dass er Birgit überflügelte. Bei der Teilung meiner Klasse während meiner langen Krankheit ging er als mein bester Schüler in die normale Klasse einer Kollegin, wo er bis zu seiner Entlassung aus dem 10. Schuljahr blieb.

Von dieser Kollegin erfuhr ich später, dass Bernd eine Lehrstelle als Tischler gefunden hatte, ein klassischer Beruf für männliche Gehörlose. So kam Bernd in die Lage, wie ein normaler Gehörloser ein normales selbständiges Leben zu führen, als späterer Tischlergeselle genug Geld für seinen Lebensunterhalt zu bekommen und als ein freier Mensch zu leben.

10. Dreimal eine zerstörte Zukunft für das Leben

a- Mein Schüler Andreas

Den ältesten Schüler in meiner Mehrfachbehindertenklasse, den 14-jährigen Andreas, lernte ich in den Alsterdorfer Anstalten kennen, einem großen Heimkomplex in Hamburg speziell zur Betreuung geistig behinderter Personen.

Eines Tages bekam ich eine Mitteilung vom Leiter der Schule innerhalb der Alsterdorfer Anstalten. Ich wurde gebeten, einen Jungen zu beurteilen, der möglicherweise einen Hörschaden hätte und vielleicht an der Gehörlosenschule betreut werden müsste.

Für die geistig behinderten Kinder in dieser Anstalt gab es eine Schule, in der die etwas besser begabten Kinder noch etwas Lesen und Schreiben lernen konnten. Für die stärker geistig behinderten Kinder gab es in der Schule nur eine lebenspraktische Ausbildung: Sie sollten lernen, stillzusitzen und bei der Erfüllung einer Aufgabe durchzuhalten. Diese Klassen hatten keine ausgebildeten Sonderschullehrer, sondern wurden von Erzieherinnen geleitet. Oft bestand die Stillbeschäftigung nur darin, auf einem Rechenblatt in jedes Quadrat ein Kreuz zu malen.

Andreas befand sich in einer solchen Klasse. Eine genaue Hörprüfung in der Spielaudiometrie, in der der Junge gut mitmachte, ergab eine Taubheit mit einem guten Restgehör. Bei der Hörkurve fiel mir auf, dass der Junge bei den tiefen Tönen noch recht gut hören konnte, was einer mittleren Schwerhörigkeit entsprach. Aber bei den für die Spracherkennung notwendigen höheren Tönen war er praktisch taub.

Der sprachfreie Intelligenztest ergab für mich eine Überraschung, da ich so etwas bei weit über hundert durchgeführten Tests noch nie erlebt hatte. Andreas erreichte auf dem Gebiet der praktischen Intelligenz, beim Gedächtnis und bei dem Erkennen von Situationsbildern nur ein Intelligenzalter von 6 Jahren. Aber auf dem Gebiet der theoretischen Intelligenz, beim Puzzle mit abstrakten Zeichen und beim logischen Zuordnen von Symbolen schaffte Andreas ein völlig normales Intelligenzalter von 14 Jahren. Was war in der Kleinkindzeit mit Andreas geschehen, und warum wurde er als geistig behindert angesehen? Ich kann nur Schlussfolgerungen aus meinen Testergebnissen ziehen: Bei Andreas wurde seine Taubheit nicht erkannt, weil er im Bereich der tiefen Töne noch recht gut hören konnte und so auf Anruf jederzeit gut reagierte.

Aber wegen des Ausfalls der höheren Töne, die für die Spracherkennung wichtig sind, konnte er die Sprache nicht verstehen. So wurde Andreas als Hörender betrachtet, der wegen einer vermeintlich geistigen Behinderung Sprache nicht lernen konnte. Genaue Untersuchungen wurden nicht durchgeführt. Sein gutes Gehör in den tieferen Frequenzen wurde für Andreas zum Verhängnis.

Andreas bekam keine geistigen Anregungen, die seinen Möglichkeiten entsprochen hätten. So konnte seine praktische Intelligenz nicht gefördert werden; sein Gedächtnis blieb auf dem Stand eines Sechsjährigen. Aber die theoretische Intelligenz ist von dem Ausfall einer richtigen Förderung nicht eingeschränkt; hier konnte Andreas seine eigentliche Intelligenz zeigen.

Bei Andreas hätte trotz der falschen Beurteilungen die Rettung für die Zukunft seines Lebens noch erfolgen können, wenn es auf die Zeichen seiner Intelligenz höheren Orts eine Reaktion gegeben hätte. Seiner Klassenlehrerin, einer Erzieherin, fiel schon früh auf, dass Andreas viel intelligenter war als seine Klassenkameraden, auch wenn diese etwas Sprechen lernten und Andreas stumm blieb. Besonders bei Puzzlespielen, die Andreas sehr gerne mochte, weil dabei seine Intelligenz gefordert wurde, zeigte er herausragende Leistungen.

Die Kinder an dieser Schule bekamen keine Zeugnisse; aber alle halbe Jahr mussten die Lehrer und Erzieherinnen einen Entwicklungsbericht über jedes Kind schreiben. Ich konnte die Schulakte von Andreas einsehen. Alle halbe Jahr hatte seine Erzieherin in ihrem Bericht auf die höhere Intelligenz hingewiesen und wörtlich ergänzt: „Eine audiologische und psychologische Untersuchung wäre dringend angezeigt", und sie hatte es auch dem Schulleiter mitgeteilt. Hätte dieser gleich darauf reagiert, hätte für Andreas die Rettung seiner Zukunft für das Leben noch erfolgen können.

Aber wen interessiert es höheren Orts, was eine einfache Erzieherin ohne akademische Ausbildung meint, herausgefunden zu haben. Und wer war an den halbjährlichen Berichten einer Erzieherin interessiert, da diese Berichte ja nur als eine Formalität angesehen wurden.

So unterblieben weitere Untersuchungen, bis der Junge 14 Jahre alt war und der Schulleiter endlich reagierte und mich informierte. Doch da war es bei Andreas für die Zukunft seines Lebens leider schon zu spät.

Ich hatte allerdings noch Hoffnungen für Andreas und bemühte mich, ihn in meine Mehrfachbehindertenklasse zu bekommen. Ich informierte die Schulbehörde und die Sozialbehörde. Diese fand heraus, dass eine Großmutter von Andreas in Hamburg lebte und bereit war, ihren Enkelsohn für seine Beschulungsmöglichkeit bei sich aufzunehmen. So geschah es dann auch.

Ich erwartete nicht, dass Andreas noch das Sprechen lernen könnte, dafür war es zu spät. Aber ich hoffte, er könnte noch im Sprachverständnis durch Schriftbilder und Ablesen vom Mund große Fortschritte machen und Lesen und Schreiben lernen, wie es bei Beate und Katharina ja gelungen war, die auch nicht das Sprechen lernen konnten.

In meinem Unterricht erarbeitete ich als Grundlage für das Sprachverständnis nacheinander bestimmte Themenbereiche anhand meiner Bildserie zur Sprachförderung. Ich hatte alle Bilder meiner Bildserie ausgeschnitten und mit den dazugehörigen Schriftbildern auf große Pappen geklebt. Mit diesen Pappen tapezierte ich die Wände meines Klassenzimmers. Wenn meine Schüler in der Stillbeschäftigung ein bestimmtes Wort nicht mehr wussten, konnten sie an den Wänden das betreffende Bild mit dem dazugehörigen Begriff finden und abschreiben.

Die großen Themenbereiche, die ich nacheinander durchnahm, waren z.b. Lebensmittel, Bekleidung, Fahrzeuge, Häuser und Wohnräume, die wichtigsten Tiere und Pflanzen, usw. Nach einer gewissen Zeit wiederholte ich diese Themen. Meine Schüler hatten dann vielleicht den einen oder anderen Begriff vergessen; aber die meisten Wörter waren ihnen noch bekannt, und sie konnten dies im Sprechen oder schriftlich zeigen. So machten sie gute Fortschritte.

Bei Andreas erlebte ich eine große Enttäuschung. Er lernte kurzfristig auch die meisten Lebensmittel oder Bekleidungen durch die Schrift oder durch Ablesen vom Mund zu erkennen; aber bei den Wiederholungen nach einigen Wochen hatte er fast alle Wörter wieder vergessen. Das war eine sehr traurige Erkenntnis für mich.

Die Grenze für das Erlernen der Sprache liegt bei ungefähr 10 bis 12 Jahren, dann ist es vorbei. Unser Pflegekind Birgit kam noch gerade rechtzeitig in die Schule und konnte seine ganze Sprachentwicklung aus der frühen Kindheit noch nachholen, das gleiche galt für Bernd und andere zu spät eingeschulte Kinder.

Aber bei Andreas war es viel zu spät. Die Natur setzt Grenzen, und die waren für das Lernen von Sprache überschritten. Andreas kam trotz aller Bemühungen nicht über einen Sprachschatz von ca. 30 Begriffen hinaus, und das trotz seiner an sich guten Intelligenz.

Dieses traurige Ergebnis entspricht den Erfahrungen, die man in früheren Jahrhunderten mit den sogenannten „Wolfskindern" gemacht hatte. Diese Kinder, die vielleicht als unehelich von ihren Müttern ausgesetzt und dann von Wildhunden oder Wölfen angenommen und gesäugt worden waren, konnten von ihren tierischen Erziehern viel zum Überleben in der Wildnis lernen, bis sie darin selbständig wurden. Aber natürlich war ihnen die Sprache verschlossen.

Wenn diese Kinder später einmal von anderen Menschen aufgegriffen und erzogen wurden, konnten auch sie noch vieles lernen, aber nicht mehr die Sprache, selbst bei einem guten Gehör; auch bei ihnen lag die Grenze bei ca. 30 Begriffen, wie bei einem Hund, der eine beschränkte Anzahl von Befehlen zu verstehen lernt.

b. Mein Schüler Holger

Mein Schüler Holger war Spastiker. Er war taub und hatte eine etwas schwache Intelligenz wie bei Birgit, war aber durchaus noch schulfähig. Er kam zunächst an die Gehörlosenschule, wo er auch hingehörte; denn die Taubheit ist für das Lernen die weitaus größere Behinderung als eine spastische Lähmung. Diese war bei Holger auch nicht so schlimm wie bei vielen anderen Spastikern; denn Holger konnte gehen und sich auch sonst gut bewegen. Nur zum Schreiben lernen waren seine Finger zu steif; er hätte gleich zu Schulbeginn eine elektrische Schreibmaschine bekommen müssen.

Durch seine Lähmung und die zusätzliche Taubheit konnte Holger nicht das Sprechen lernen. Doch genau dieses steht bei tauben Schulanfängern im Mittelpunkt des

Unterrichts mit intensivem Training der einzelnen Laute vor dem Spiegel und der folgenden Verknüpfung der Laute zu Wörtern. So blieb Holger hinter seinen Klassenkameraden weit zurück, auch weil er ohne Schreibmaschine das Schreiben nicht lernen konnte.

Aus all diesen Gründen wurde Holger schließlich nach einigen Jahren an eine Körperbehindertenschule überwiesen, eine glatte Fehlentscheidung. Dort kam man mit Holgers körperlichen Beeinträchtigungen gut zurecht, aber für die Förderung der Sprachentwicklung bei einem taubstummen Kind fehlten die unterrichtlichen Voraussetzungen.

Nach mehreren verlorenen Jahren sollte Holger wieder an die Gehörlosenschule versetzt werden, aber die wollte ihn nicht wiederhaben. So verging erneut viel Zeit, bis die Schulbehörde ein Machtwort sprach und Holger wieder an die Gehörlosenschule überwies. Dort kam er in meine zweite Mehrfachbehindertenklasse.

Inzwischen war Holger 13 Jahre alt geworden. Jetzt erst bekam er endlich eine elektrische Schreibmaschine, auf der er nun Schreiben lernen konnte. Aber für seine Sprachentwicklung war es leider schon zu spät. Auch er kam über eine geringe Anzahl von Wörtern im Verständnis nicht hinaus.

Holger wurde ein Opfer von Kompetenzstreitigkeiten. Niemand wollte ihn haben; sein Schicksal als Mensch, der einen Anspruch auf eine möglichst gute Zukunft hatte, war den über ihn entscheidenden Personen wohl egal.

c. Meine Schülerin Manuela

Manuela kam als 14-jähriges Mädchen in meine zweite Mehrfachbehindertenklasse. Sie kam aus München, und sie hatte eine dicke Schulakte. Aus irgendwelchen Gründen wurde Manuela nur sehr unregelmäßig und zeitweise gar nicht in die zuständige Gehörlosenschule geschickt. Die Begründungen für ihr Fehlen waren von Seiten der Eltern vielfältig, meist waren es Erkältungskrankheiten oder andere Beschwernisse, die sie vermeintlich am Schulbesuch hinderten; aber meist gab es gar keine Entschuldigungen, solange sie nicht angemahnt wurden.

Manuelas Eltern wurden von der Münchener Schulbehörde immer wieder ermahnt, ihr Kind zur Schule zu schicken, und es wurden auch Maßnahmen angedroht, falls die Eltern auf die Ermahnungen nicht reagierten. Aber letztendlich geschah nichts von Seiten der Schulbehörde.

Als Manuela als 14-jährige zu mir kam, hatte sie so gut wie keine Sprachkenntnisse. Lediglich die Handarbeitslehrerin war mit dem Mädchen zufrieden; Näharbeiten hatte Manuela wohl oft im Elternhaus zu erledigen. Für eine wirksame Sprachanbahnung war es längst zu spät.

Manuela fehlte auch bei mir immer wieder für ein paar Tage. Wahrscheinlich musste sie als ältestes Kind ihrer Mutter helfen, die mit insgesamt vier Kindern zeitlich ausgelastet war. Aber Entschuldigungen für das Fehlen wurden auch mir nicht mitgeteilt, und wenn ich nachfragte, waren es immer irgendwelche Erkrankungen.

Es hatte für mich keinen Zweck mehr, mich deswegen mit den Eltern anzulegen. Mit Freundlichkeit erreichte ich noch am ehesten, dass das Mädel zur Schule kam. Die Zeit, in der pädagogisch noch etwas zu erreichen gewesen wäre, war ohnehin vorbei.

Einmal hatte ich die Gelegenheit, Manuelas Elternhaus kennenzulernen. Die Familie mit 6 Personen lebte in einer geräumigen Vierzimmerwohnung. Der Vater hatte es erreicht, dass er wegen irgendwelcher Krankheiten auf Dauer krankgeschrieben worden war; er wirkte bei meinem Besuch aber keineswegs krank.

Die Familie lebte von Sozialhilfe. Die Eltern hatten einen großen Schäferhund und einen Schrebergarten, wo sie sich oft aufhielten. Die Wohnung war zumindest bei meinem Besuch aufgeräumt. Auf den Schränken standen Nippsachen und Andenken; die Eltern hatten Vögel in einem großen Vogelbauer, die Kinder hatten Spielzeug.

Äußerlich deutete nichts auf eine asoziale Einstellung hin. Aber den Eltern war eine Förderung ihrer Kinder anscheinend egal. Sie lebten einigermaßen gut und bequem von Sozialhilfe, hielten aber ansonsten nicht viel vom Staat und seinen Forderungen. Ihre Kinder würden später dann auch von Sozialhilfe leben können. Die Mithilfe der Kinder im Haushalt war den Eltern wichtiger als deren Schulbildung.

Die Schuld der Eltern an der versauten Zukunft ihres taubstummen Kindes ist eindeutig. Aber die Münchner Schulbehörde trifft eine große Mitschuld. Spätestens nach dem ersten Schuljahr des Mädchens hätte den gleichgültigen Eltern das Sorgerecht für ihre Tochter entzogen werden müssen. Das Mädel hätte bei Pflegeeltern oder in dem Internat einer Gehörlosenschule leben können. Dann hätte Manuela Lesen und Schreiben gelernt, wahrscheinlich auch Sprechen, und sie hätte später ein selbständiges und freies Leben führen können.

Aber diese Entscheidungen hätten für die zuständige Behörde viel zusätzliche Arbeit bedeutet, das Hinzuziehen eines Vormundschaftsgerichts, die Bemühungen, Pflegeeltern oder einen Platz in einem Gehörloseninternat zu finden. Alle Behördenmitarbeiter fühlen sich überlastet mit zu wenig Personal, anscheinend dringendere Fälle von Verwahrlosung oder Missbrauch von Kindern drängen sich in den Vordergrund, weil sie in den Zeitungen und Zeitschriften beschrieben werden und somit Druck ausüben.

Da war es wohl viel bequemer, in bestimmten Abständen Mahnungen an die Eltern zu schreiben, ihr Kind regelmäßig zur Schule zu schicken, auch wenn man inzwischen wusste, dass diese keinen Erfolg haben würden. Aber über dieses Kind und seine Eltern gab es ja keine negativen Presseberichte. Und vielleicht war auch der Klassenlehrer über diese Situation nicht allzu unglücklich, schließlich hatte er dadurch meist einen Schüler weniger in seiner Klasse und weniger Arbeit, wer weiß. Aber wenigstens wurden die endlosen Mahnungen der Schule und der Behörde in Manuelas Akte sorgfältig abgeheftet.

Die näheren Umstände sind mir unbekannt. Sicher ist nur eins: Durch Ignoranz, Nachlässigkeit und Gleichgültigkeit wurde auch bei diesem Kind die Zukunft für ein selbständiges und freies Leben zerstört.

11. Gerd, ein Wunder der Medizin, aber ohne Ärzte

Wenn man die Geschichte am Anfang dieses Buches gelesen hat, dann fragt man sich vielleicht, ob so ein erfreulicher Ausgang eines leidvollen Geschehens überhaupt denkbar sein kann. Doch in den letzten zwei Kapiteln schildere ich zwei solcher Wunder, die wirklich geschehen sind.

Als ich noch in der Hausspracherziehung hörgeschädigter Kleinkinder tätig war, erhielt ich von einem Elternpaar die Bitte um einen Hausbesuch. Die Eltern, die Mutter war Krankenschwester, erzählten mir über ihren einzigen Sohn folgende Geschichte:

In seltenen Fällen verträgt sich das Blut des Fötus nicht mit dem Blut der Mutter, weil der sogenannte Rhesusfaktor eine Rolle spielt. Meist kann das erstgeborene Kind gerettet werden; die folgenden Kinder sterben oft schon im Mutterleib ab.

Die Mutter dieser Familie bekam ein solches Kind. Als Krankenschwester wusste die Mutter von der Gefahr dieses Rhesusfaktors, die nur durch einen Blutaustausch des Babys sofort nach der Geburt gebannt werden kann. Als dieser Blutaustausch nicht sofort erfolgte, mahnte die Mutter den behandelnden Arzt der Klinik, diesen Blutaustausch bei ihrem Baby vorzunehmen.

Als ein „Gott in Weiß" wollte sich zumindest früher ein Arzt nicht gerne Mahnungen von vermeintlich unwissenden Eltern anhören, schon gar nicht, wenn es sich um eine medizinisch halbgebildete Krankenschwester handelte. So reagierte er sehr ablehnend in der Weise, dass ein Blutaustausch zurzeit noch nicht notwendig sei.

Nach zwei Tagen verließ die Mutter mit ihrem Baby im Streit die Geburtsklinik und ging in ein anderes Krankenhaus. Dort wurde der Blutaustausch sofort vorgenommen; aber es war schon zu spät; die schlimmsten Folgen waren bereits eingetreten; das Kind würde sein Leben lang schwer geschädigt bleiben.

Die Mutter rief den Arzt der Geburtsklinik an und berichtete von seinem Fehler, den Blutaustausch versäumt zu haben. Da wurde dieser Arzt patzig und sagte: „Sie sind ja noch jung, Sie können ja noch weitere gesunde Kinder bekommen!", im Klartext: Die Schädigung des Kindes sei ja nicht so schlimm.

Da waren die Eltern so empört, dass sie beschlossen, diesen Arzt auf eine finanzielle Entschädigung zu verklagen, damit das geschädigte Kind sein Leben lang versorgt werden könnte. Sie besorgten sich Gutachten von anderen Ärzten, die bestätigten, das Baby werde durch diesen Arztfehler sein Leben lang bewegungsunfähig im Bett bleiben, würde taub sein und schwachsinnig bleiben, das heißt, ein Pflegefall auf Dauer. Ein hohes Pflegegeld für das Kind sollte eingeklagt werden.

Das dauerte wie üblich über drei Jahre. Auf Grund der ärztlichen Gutachten wurde der Klinikarzt zu dieser hohen Pflegegeldzahlung verurteilt. Dieses Pflegegeld musste von der Versicherung des betreffenden Arztes in monatlichen Raten gezahlt werden, oder in einer Gesamtsumme, die über 300.000 Mark lag, eine so hohe Summe, dass man damals dafür ein Einzelhaus mit Grundstück kaufen konnte.

Als ich das Elternhaus zum ersten Mal besuchte, war der Junge inzwischen drei Jahre alt. Er lag nicht im Bett, sondern lief umher, wirkte ganz normal, konnte aber wegen eines Hörschadens noch nicht sprechen. Die Auszahlung der Entschädigungssumme war noch nicht erfolgt, stand aber kurz bevor.

Ein monatliches Pflegegeld wäre nach einer Prüfung durch die Versicherung spätestens nach einigen Jahren vermutlich gestrichen oder stark vermindert worden, da das Kind ja nicht schwachsinnig im Bett lag. Deshalb entschlossen sich die Eltern für eine Barauszahlung der gesamten Summe, da danach der Vorgang endgültig abgeschlossen sei und keiner mehr nach der weiteren Kindesentwicklung fragen würde.

Von der Entschädigungssumme wollten sich die Eltern ein Haus in der Nähe der Gehörlosenschule kaufen, damit ihr Sohn in späteren Jahren einen kurzen Weg zum Kindergarten und zur Schule hätte.

Das Merkwürdige war, dass während der Gerichtsverhandlung keiner nach dem wirklichen Entwicklungsstand des geschädigten Kindes gefragt hatte; nicht einmal die Anwälte der Versicherung des Klinikarztes zogen die Gutachten der anderen Ärzte in Zweifel, obwohl eine Überprüfung eine Kleinigkeit gewesen wäre. Die befragte Mutter hielt darüber natürlich den Mund.

Vielleicht ist dies aber gar nicht merkwürdig, sondern Alltag bei Behörden- und Gerichtsvorgängen. Beglaubigte Gutachten sind Dokumente, und diese haben juristisch wohl immer ein höheres Gewicht als die Realität, das erlebt man ja auch tagtäglich in der hohen Politik.

Ich führte bei dem noch nicht ganz vierjährigen Jungen einen sprachfreien Intelligenztest durch. Der Junge machte gut mit, und das Ergebnis war eine fast normale Intelligenz mit einer leichten Entwicklungsverzögerung.

Danach erstellte ich ein Audiogramm mit einer Spielaudiometrie, bei der der Junge auch aktiv reagierte, und ich stellte nur eine mittelgradige Schwerhörigkeit fest. Ich sagte den Eltern: „Kaufen Sie Ihr künftiges Haus, wo sie wollen; Ihr Sohn wird nie die Gehörlosenschule besuchen, dazu hört er viel zu gut!" Außerdem empfahl ich ihnen die baldige Anpassung von zwei Hörgeräten zum räumlichen Hören.

Mein letzter Hausbesuch bei dieser Familie erfolgte schon in ihrem neuen Haus im Gebiet der Walddörfer nördlich der Innenstadt von Hamburg. Ihr Sohn trug Hörgeräte, fing dadurch an zu sprechen und besuchte einen normalen Kindergarten in der Umgebung. Bei einem späteren Anruf erfuhr ich, dass sich die Entwicklung des Kindes sprachlich normalisierte, und dass es gesund war.

12. Joachim, ein pädagogisches Wunder

Joachim zeigte schon als gehörloses Kleinkind eine außerordentlich hohe Intelligenz, die ihm leider in den ersten Schuljahren zum Verhängnis wurde. Normalerweise bleiben gehörlose Kleinkinder stumm, bis sie im Alter von 6 Jahren in die Schule kommen und dann von ihren Lehrern vor dem Spiegel systematisch die einzelnen Laute eingeübt bekommen als Grundlage für die später zu lernenden Wörter.

Joachims Mutter bemühte sich, ihren Sohn schon als Kleinkind zu fördern mit dem deutlichen Vorsprechen von Wörtern und mit dem Zeigen von Bildern mit den zugehörigen Schriftbildern. Auf Grund seiner hohen

Intelligenz begann Joachim schon als Kleinkind spontan zu sprechen; aber nur seine Mutter konnte sein Sprechen verstehen, und sie war nicht in der Lage, seine Aussprache zu verbessern, dazu fehlte ihr die entsprechend Ausbildung, und ihr Kind war auch noch nicht alt genug für die harte Arbeit, vor dem Spiegel richtig artikulieren zu lernen.

Als ich mit der Früherziehung hörgeschädigter Kleinkinder begann, war Joachim schon im Kindergarten, so dass ich ihn nicht als Kleinkind kennenlernen konnte.

Mit 6 Jahren kam Joachim in die Schule. Doch seine Lehrerin konnte mit dem so unverständlich daherplappernden Kind nicht viel anfangen. Hinzu kam, dass Joachim autistische Tendenzen zeigte, ein Einzelgänger blieb, oft mit seiner Unruhe den Unterricht störte und vor dem Artikulationsspiegel nicht bereit war, einzelne vorgesprochene Laute nachzuahmen. Seine Lehrerin erkannte nicht seine hohe Intelligenz und konnte ihn im Klassenverband nicht planmäßig fördern. Aus diesen Gründen ließ sie ihn am Ende des Schuljahres sitzen.

In der neuen 1. Klasse wiederholte sich das Problem bei dem derzeitigen Lehrer. Auch er konnte mit dem Jungen nichts anfangen und erkannte nicht seine Intelligenz. Durch seine eigenbrötlerischen, autistischen Verhaltensweisen geriet auch Joachim in Gefahr, bei der Verlängerung einer unzureichenden Beschulung eine gute Zukunft für sein Leben zu verlieren.

Eines Tages kam sein Klassenlehrer zu mir, schilderte die Probleme mit Joachim und fragte mich, ob ich bereit wäre, diesen schwierigen Jungen in meine Mehrfachbehindertenklasse zu übernehmen. Trotz der Überfüllung meiner Klasse stimmte ich dieser Bitte zu, und Joachim kam in meine Klasse.

Als erstes führte ich bei Joachim den sprachfreien Intelligenztest durch und erlebte zu meiner Überraschung, dass der Junge bei guter Mitarbeit einen Intelligenzquotienten von ca. 140 erreichte, den nur drei Kinder unter eintausend schaffen. Wie sollte ich diesen Jungen in meiner Klasse aller Altersstufen und aller Intelligenzgrade nur richtig fördern können?

Ein Vorteil war, dass Joachim schnell Vertrauen zu mir fasste, und dass er mit 8 Jahren endlich alt genug und bereit war, um trotz seiner Verhaltensstörungen richtig sprechen zu lernen. Ich verzichtete bei ihm auf das mühsame Einüben einzelner Laute, die für ein gehörloses Kind ja zunächst noch keinen Sinn erkennen lassen. Ich versuchte stattdessen, seine Artikulation an ganzen Wörtern zu verbessern.

Ich zeigte Joachim ein Bild aus meiner Bildserie, deren Bilder er schon alle kannte und benennen konnte. Ich ließ ihn das Wort zu dem Bild aussprechen, erkannte dabei seine Sprechfehler und übte mit ihm die richtige Sprechweise ein. Bei dieser Arbeit erkannte Joachim den Sinn meiner Verbesserungen und machte gut mit. So hatte ich mit dieser Methode allmählich immer bessere Erfolge. Joachim lernte in wenigen Monaten verständlich zu sprechen. Zugleich lernte er in dieser Zeit das richtige Lesen und Schreiben, und seine Mutter war glücklich, dass ihr Sohn endlich gut vorankam.

Ich teilte meine Klasse in zwei Arbeitsgruppen. In der ersten Gruppe von Schülern, die Sprechen lernen konnten, übte ich u.a. mit Birgit, Bernd und Joachim den Sprachaufbau und das richtige Artikulieren, während ich den Rest der Klasse schriftlich beschäftigte.

Anschließend arbeitete ich mit Beate, Katharina, Andreas und drei anderen Kindern, die nicht sprechen lernen konnten, auf schriftlicher Basis und mit Gebärden für den Sprachaufbau anhand meiner Bildserie, damit diese Kinder die Möglichkeit bekamen, ihre Wünsche schriftlich und mit Gebärden auszudrücken. Während dieser Zeit wurde die

161

Gruppe der Sprechfähigen mit schriftlichen Aufgaben beschäftigt.

Das ging ganz gut so, aber ich erkannte, dass ich in meiner so sehr gemischten Klasse auf Dauer nicht in der Lage sein konnte, Joachim seiner hohen Begabung gemäß richtig zu fördern. Ich musste eine andere Möglichkeit finden.

Seitdem Joachim einigermaßen verständlich sprechen und auch Lesen und Schreiben konnte, war seine Beschulung in einer Jahrgangsklasse möglich, aber in welcher? Bei seinen bisherigen zwei Klassen hätte ich die Lehrer für eine Aufnahme nicht gewinnen können. So blieb nur noch die Möglichkeit, ihn eine Klasse höher einzuschulen, für die er ein Jahr zu jung war.

Ich führte außerhalb der Unterrichtszeit ein längeres Gespräch mit der Lehrerin dieser höheren Klasse. Ich schilderte ihr die Odyssee von Joachims bisheriger Schullaufbahn, zeigte ihr das Ergebnis seines Intelligenztests, sprach von seiner Lernbereitschaft und von seinen Sprecherfolgen, und so erreichte ich, dass diese sehr verständnisvolle Kollegin bereit war, mit Joachim einen Umschulungsversuch zu machen. Und Joachim hatte Glück; er kam im Unterricht mit und konnte in dieser Klasse bleiben.

Als ich einige Zeit später an einem Magengeschwür erkrankte und monatelang für den Unterricht ausfiel, wurde, wie bereits berichtet, meine Klasse in zwei unterschiedlich Leistungsgruppen aufgeteilt und von neuen Lehrkräften beschult.

Nach meiner Gesundung wurde ich ausgerechnet der Klasse zugeteilt, in der sich Joachim nun befand. Seine Lehrerin wechselte an eine andere Schule. Diese Klasse, in der ich sehr gerne arbeitete, wurde später geteilt. Ab dem 7. Schuljahr gab es für gut begabte Kinder die Möglichkeit, eine Realschulklasse zu besuchen. Ich erhielt drei Schüler hinzu, die als gut begabt von anderen Gehörlosenschulen kamen, die keinen Realschulzweig hatten.

Für ein halbes Jahr unterrichtete ich mit 13 Schülern die stärkste Klasse der Schule, um die Schüler genau prüfen zu können. Dann wurde die Klasse geteilt. 8 Schüler übernahm ich in meine künftige Realschulklasse, darunter auch Joachim; die anderen 5 Schüler bildeten eine normale Hauptschulklasse.

Joachim stand von Anfang an mit einem anderen hochbegabten Jungen an der Spitze der Klasse. Er hatte immer noch seine etwas autistischen Verhaltensweisen. Er blieb Einzelgänger, redete im Unterricht oft dazwischen, wenn ihn etwas besonders interessierte und nervte oft seine Mitschüler, bei denen er nicht besonders beliebt war. Aber seine Schulleistungen waren sehr gut, und er hatte den umfangreichsten Wortschatz und die besten Grammatikkenntnisse seiner Klasse und machte in seinen Aufsätzen kaum einen Fehler.

Joachims besonderes Interesse galt der Botanik. In diesem Fach las er sich ganz allein ein umfangreiches Wissen an. Das war ganz ungewöhnlich für einen Gehörlosen. Auch gut begabte Gehörlose können meist keine Bücher lesen, weil ihnen dazu der Wortschatz fehlt, der ja nur sehr mühselig künstlich aufgebaut werden kann. So reicht es bei ihnen meist nur für die Lektüre der Bildzeitung.

Bei einer Klassenreise nach Sylt unternahm ich mit meinen Schülern unter anderem eine geführte Besichtigung eines Naturschutzgebietes ganz im Osten der Insel. Die Erklärungen des Führers übersetzte ich meinen Schülern mithilfe von Gebärden.

Auf einmal blieb Joachim stehen, zeigte auf eine Pflanze und sagte: „Das ist das gefleckte Knabenkraut!". Dem Führer blieb vor Erstaunen der Mund offen. Das hatte er in seinen Führungen noch nie erlebt, dass jemand diese so sehr seltene

Pflanze erkannte und benennen konnte. Das erlebte er ausgerechnet bei einer Gehörlosenklasse, deren Schülern er vorher nicht viel zugetraut hatte.

Joachim bestand mit Glanz die Prüfungen zum Abschluss der Realschulzeit. Dann verlor ich ihn aus den Augen und sah ihn nur bei gelegentlichen Klassentreffen in den ersten Jahren nach der Schulentlassung. Dann blieben diese Treffen aus, bis ich zur Feier des 30-jährigen Endes der Realschulzeit wieder eine Einladung zu einem Klassentreffen erhielt.

Fast alle Schüler hatten einen guten Beruf gefunden und standen nun in mittleren Jahren fest im Leben und wirkten selbstbewusst und gefestigt. Ein ehemaliger Schüler, mit dem ich früher besonders verbunden war, hatte von seinen Eltern einen großen Bauernhof geerbt und arbeitete als selbständiger Bauer. Er hatte sich mit zwei anderen Bauern zu einer Produktionsgenossenschaft zusammengeschlossen und verständigte sich mit ihnen während der Feldarbeiten mit dem Handy per SMS ohne Probleme. Das war schon etwas Besonderes für einen Gehörlosen.

Joachim hatte, soweit ich mich erinnere, eine feste Anstellung in einer Behörde. Er hatte eine schwerhörige Frau, die mit zum Klassentreffen gekommen war. Wir unterhielten uns, und dann zog Joachim ein Buch hervor, das er selbst veröffentlicht hatte. Es war ein umfangreiches, wissenschaftliches Werk über sehr viele unterschiedliche Palmensorten aus der ganzen Welt, von denen viele auch in Deutschland im Freien wachsen könnten, wie er mir erzählte.

Joachim war seinen botanischen Interessen treu geblieben. Aber dass er ein solches Buch schreiben konnte, setzte voraus, dass er auch nach seiner Schulzeit sehr viele Bücher gelesen haben musste; denn nur so konnte er als Gehörloser zu einem vollständigen Sprachverständnis wie ein gut gebildeter Hörender gelangen.

Joachim, zweimal sitzen geblieben, dann in meiner ehemaligen Klasse für mehrfachbehinderte Kinder, danach in einer normalen Gehörlosenklasse, in der er der Jüngste war, zuletzt in einer Realschulklasse, in der er an die Spitze gelangte, und nun sogar als wissenschaftlicher Buchautor, das ist eine Karriere, die wirklich einmalig ist.

Diese gerettete Zukunft für ein erfolgreiches Leben sollte für alle Lehrer ein Beispiel sein, wenn sie mit Schülern zu tun bekommen, die ihnen zuerst viele Schwierigkeiten bereiten!

13. Ein ernstes Wort zum Schluss

Menschen machen Fehler, privat und auch beruflich. Die meisten dieser Fehler kann man reparieren; sie kosten nur Zeit und Geld, oft viel Zeit und Geld. Nur Fehler, die Menschenleben zerstören oder ihnen die Zukunft nehmen, dürfen nicht vorkommen, weil sie nicht zu reparieren sind.

Im zivilen Luftverkehr in Europa und Amerika hat man das begriffen; es darf keinerlei Fehler geben. Darum wird von beiden Piloten vor Flugbeginn eine genau vorgeschriebene Checkliste durchgearbeitet, ob auch alles im Flugzeug in Ordnung ist. Erst dann wird gestartet; es geht bei den Flügen ja um Menschenleben. Deshalb sind diese Prüfungen selbstverständlich.

Im Medizinbereich ist dies nicht ganz so selbstverständlich. Die Hierarchie in Krankenhäusern mit dem Chefarzt an der Spitze, dem niemand von den assistierenden Ärzten widerspricht, weil keiner seine Aufstiegschancen gefährden will, kann schon eine Gefahr bedeuten. Und wenn viele Menschen nicht nur nach Operationen sterben oder ihr Leben lang behindert bleiben, sind oft Fehler die Ursache.

Das gleiche gilt, wenn die Vorschriften für eine absolute Sterilität im Krankenhaus aus Personalmangel oder

Gleichgültigkeit nicht eingehalten werden, wodurch jedes Jahr Tausende Patienten sterben oder bleibende Schäden davontragen. Leider finden nur Flugzeugabstürze internationale Beachtung. Die vielen zerstörten Leben im Gesundheitswesen durch Fehler oder Unachtsamkeit werden dagegen von der Öffentlichkeit klaglos hingenommen.

Weniger bekannt ist, dass auch im pädagogischen Bereich irreparable Schäden entstehen können, wenn Politiker, Behörden, Schulleitungen oder einzelne Lehrer versagen, wenn z.b. bei bildungsfernen Elternhäusern eine frühkindliche Förderung in Kindergärten nicht gewährleistet wird.

Erst recht gilt dies bei behinderten Kindern, wenn notwendige Untersuchungen oder Hör- oder Intelligenztests versäumt werden. Auch diese Fehler sind nicht mehr auszugleichen, wenn z.b. bei hörgeschädigten Kindern die naturgegebene Zeit für einen Spracherwerb schuldhaft versäumt wurde.

Bei Birgit konnte ihre Zukunft für das Leben gerade noch gerettet werden, nachdem ihre zuständige Schule wegen eines Darmschadens die Beschulung verweigert hatte. Bei Bernd und bei drei weiteren Kindern in dem Behindertenheim in Heide wurden Intelligenztests auch gerade noch rechtzeitig durchgeführt, und eine engagierte Leiterin der Behindertenabteilung in der Hamburger Sozialbehörde sorgte dafür, dass diese Kinder beschult werden konnten, obwohl Hamburg eigentlich für deren Beschulung gar nicht zuständig war. Auch bei Joachim konnte die Zukunft für sein Leben noch gerettet werden, nachdem zwei Lehrer seine Fähigkeiten nicht erkennen konnten.

Aber bei Andreas wurde seine Zukunft zerstört, weil kein rechtzeitiger Hörtest durchgeführt worden war; Holgers

Zukunft scheiterte am Kompetenzgerangel zwischen der Gehörlosenschule und einer Körperbehindertenschule, und Manuelas Zukunft ging verloren durch die Gleichgültigkeit ihrer Eltern, aber auch, weil die Schulbehörde in München nicht rechtzeitig eingriff, den Eltern das Sorgerecht zu entziehen.

Über die Hälfte der Schüler meiner Mehrfachbehindertenklassen landete bei mir, weil solche Versäumnisse entstanden waren. Das ist eine erschreckende Zahl. Solche Fehler dürften in Zukunft nicht mehr geschehen!

Hamburger Bildserie zur Sprachförderung

Pädagogische Gestaltung: Walter Eckel
Zeichnungen: Holger Börnsen und Gizela Hudler

Die farbige „Hamburger Bildserie zur Sprachförderung" entstand aus meiner langjährigen Arbeit als Leiter der Beratungsstelle für hörgeschädigte Kinder an der Hamburger Gehörlosenschule. Die Bildserie hat seit über 40 Jahren einen festen Platz in der Arbeit mit sprachbehinderten Kindern und in der logopädischen Arbeit.

Die Bildserie umfasst 147 farbige Bildbogen mit 968 Einzeldarstellungen von Personen, Gegenständen, Tätigkeiten und Eigenschaften und vieler anderer Begriffe. Dazu kommen 44 große, farbige Situationsbilder, die die meisten Lebenssituationen eines Kindes aufzeigen. Auf der Rückseite der Bogen sind die Namen aller Begriffe gekennzeichnet.. Im Ringbuchformat Din A5 kann die Bildserie als ganz aufklappbares Lernbilderbuch genutzt werden, auch in der normalen Kleinkinderziehung, oder es können einzelne Bildbogen für ein individuelles Bilderbuch herausgetrennt werden.

Die Bildserie ist im Laufe der Jahre wesentlich erweitert und modernisiert worden und ist bis heute die umfangreichste Lernbildersammlung in Europa. Über 30.000 Exemplare wurden seit der ersten Auflage verkauft.

Eigenverlag Walter Eckel, Volksdorfer Weg 209, 22393 Hamburg, Tel. 040/6019728

Preis pro Bildband 38,- Euro plus Versandkosten

Walter Eckel

Ich habe alles aufgeschrieben
Ein Kindertagebuch aus dem Krieg

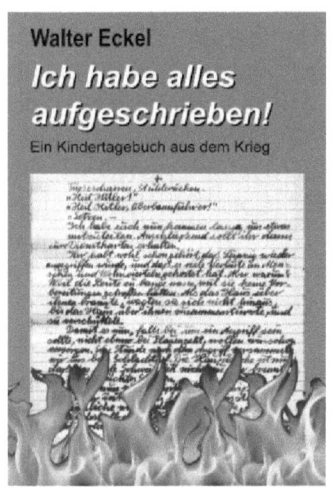

Es gibt viele Erinnerungsbücher über schlimme Kriegsereignisse; doch einzig-artig ist das Kriegstagebuch von Walter Eckel, geschrieben im Alter von 9 bis 14 Jahren; denn es gibt die Unmittelbarkeit der Kriegserlebnisse wieder und zeigt den Alltag im Krieg und in der Nachkriegszeit in vielen Einzelheiten. Zugleich ist es die spannende Geschichte einer Familie mit zunächst vier Kindern, die im Krieg trotz schlimmster Ereignisse fest zusammenhält. Die Dokumente des Tagebuches werden ergänzt durch Hintergrundberichte des Verfassers.

Verlag: Books on Demand, GmbH, Norderstedt

Walter Eckel

Das Engelsgesicht
und andere Liebesgeschichten

Liebesgeschichten sollen auf eine nette Art unterhalten und meist zu einem guten Ende führen. Das ist auch in diesen Geschichten der Fall. Doch darüber hinaus will der Autor zeigen, wie auch schwere Probleme gemeistert werden können, wenn die gegenseitige Liebe tief genug ist. Die aufgezeigten Probleme sind ein geplanter Schwangerschaftsabbruch, eine Lehrer-Schülerin-Beziehung, dann der manchmal für eine Beziehung verhängnisvolle Zwang durch die Katholische Kirche, ferner innere Hemmungen, starkes Misstrauen und der Einfluss fremder Kulturen. Doch auch ein Leben mit Behinderungen wie bei Lähmungen und plötzlicher Blindheit kann durch eine tiefe, gegenseitige Liebe trotz aller Probleme zu einem erfüllten Dasein führen. Tiefe Liebe überwindet alle Hindernisse; das ist die Aussage dieses kleinen Buches.

Verlag: Books on Demand, GmbH, Norderstedt